Treinamento de Força na Saúde e Qualidade de Vida

2ª edição atualizada

Instituto Phorte Educação
Phorte Editora

Diretor-Presidente
Fabio Mazzonetto

Diretora Executiva
Vânia M. V. Mazzonetto

Editor Executivo
Tulio Loyelo

Treinamento de Força na Saúde e Qualidade de Vida

2ª edição atualizada

Roberto Simão

São Paulo, 2009.

Treinamento de força na saúde e qualidade de vida
Copyright © 2004, 2009 by Phorte Editora

Rua Treze de Maio, 596
CEP: 01327-000
Bela Vista – São Paulo – SP
Tel/fax: (11) 3141-1033
Site: www.phorte.com   *E-mail*: phorte@phorte.com

Nenhuma parte deste livro pode ser reproduzida ou transmitida de qualquer forma ou por quaisquer meios eletrônico, mecânico, fotocopiado, gravado ou outro, sem autorização prévia por escrito da Phorte Editora Ltda.

CIP-BRASIL. CATALOGAÇÃO-NA-FONTE
SINDICATO NACIONAL DOS EDITORES DE LIVROS, RJ

S596t
2.ed.

Simão, Roberto, 1967-
    Treinamento de força na saúde e qualidade de vida / Roberto Simão. - [2.ed.]. - São Paulo : Phorte, 2009.
    208p.

    Inclui bibliografia e índice
    ISBN 978-85-7655-063-1-0

    1. Treinamento com pesos - Aspectos da saúde. 2. Musculação - Aspectos da saúde. 3. Qualidade de vida. I. Título.

08-3713.   CDD: 613.713
                      C D U: 613.72

28.08.08   29.08.08   008431

Impresso no Brasil
Printed in Brazil

APRESENTAÇÃO

Após o primeiro posicionamento do *American College of Sports Medicine*, em 2002, sobre os benefícios do Treinamento de Força, surgiu no Brasil uma tendência dos profissionais de Educação Física posicionarem-se de forma científica aos questionamentos dos fenômenos evidenciados na prática, como, por exemplo, ordem dos exercícios, intervalo entre séries e sessões, tempo de contração, número de séries, freqüência semanal de treinamento, número de repetições, entre outros aspectos de controle. Entretanto, no Brasil, as nossas linhas de pesquisas ainda são tímidas, e poucos Mestres e Doutores aprofundaram suas investigações na referida área de concentração supracitada.

Mesmo assim, é freqüente observarmos a discussão dita "acadêmica" entre profissionais atuantes em cursos de extensão e Pós-Graduação *Lato Sensu* na área de Treinamento de Força, onde poucos investem na ciência com publicações, mas muitas vezes assumem posicionamentos infundados na literatura científica.

Paralelamente a este quadro, a Universidade Gama Filho conta com professores Doutores, renomados no meio acadêmico por suas investigações incessantes na área de pesquisa de Treinamento de Força, no curso de Mestrado e Doutorado. Talvez por isso os cursos de especialização *Strictu-Sensu* possuam qualificação nível "5" pela CAPES na Educação Física, o que é privilégio de apenas duas instituições no Brasil, a UGF e a USP.

Seguindo essa linha, a Pós-Graduação *Lato Sensu* da UGF trilha o mesmo caminho na produção científica, pois seu corpo docente é oriundo, quase na totalidade, do Mestrado e Doutorado da Universidade.

Atualmente, oferecendo mais de 130 cursos de Pós-Graduação em Educação Física em todo o território nacional, a UGF têm apresentado uma linha de destaque na especialização em Musculação e Treinamento de Força, por meio da formação do seu corpo docente e discente.

A necessidade de implantar um posicionamento de investigação na formação *Lato Sensu* nasceu e se consolidou a partir das necessidades apresentadas por nossos alunos.

Após 10 anos ministrando cursos de Pós-Graduação na UGF, observo ainda uma carência dos profissionais na língua inglesa, o que, por muitas vezes, acaba inviabilizando uma busca mais detalhada do conhecimento científico. Fico impressionado como os alunos ainda discutem conceitos encontrados em referências secundárias (livros), o que acaba impossibilitando uma discussão atualizada, pois, nos livros, o autor pode escrever o que desejar sem uma crítica de revisores conceituados na área. Observo também que a leitura de artigos científicos publicados em revistas nacionais é prática de poucos.

Felizmente, algumas revistas no Brasil adquiriram reconhecimento pela comunidade acadêmica, entre elas a Revista Brasileira de Fisiologia do Exercício, Revista Brasileira de Medicina do Esporte e Revista Brasileira de Ciência e Movimento, que possuem destaque em suas publicações. Mesmo assim, é difícil encontrar numa turma de Pós-Graduação um número elevado de alunos que assinem alguma revista científica. Acredito que tal realidade deva ser mudada com intuito de fortalecermos a qualidade de nossa profissão.

Enquanto assumirmos o discurso de que a prática é diferente da teoria, nossa tendência é o descrédito perante os outros profissionais. Professores de Educação Física com esse discurso demonstram fragilidade de conhecimento e incapacidade de questionamento.

Com base nesse contexto, elaborei os cursos de Pós-Graduação em Musculação e Treinamento de Força da UGF há 4 anos, junto com o Professor Ms. Djalma Rabelo Ricardo, assumindo a responsabilidade de transmitir um conhecimento prático calcado em evidências científicas, possibilitando, assim, a disseminação do conhecimento científico de forma crítica e relevante, como nos foi passado no mestrado por nosso orientador Dr. Cláudio Gil. A partir daí, outros professores iniciaram seu processo de crescimento e contribuição neste projeto, dentre os quais não posso deixar de destacar Prof. Esp. Dilmar Pinto Guedes, Prof. Esp. Nélson Carvalho, Prof. Dr. Reury Frank Bacurau, Prof. Ms. Marcos Polito, Prof. Ms. Pedro Ivo Cosenza, Prof. Ms. Leonardo Cabral, Prof. Ms. Luís Viveiros, Prof. Dr. Julio Serrão, Prof. Ms. Tony Meireles.

Atualmente, faço o doutorado sob a orientação do professor e amigo Paulo Farinatti e acredito que meu crescimento acadêmico será longo e interminável. Participo do grupo de estudos do Laboratório de Atividade Física e Promoção da Saúde (LABSAU), na Universidade do Estado do Rio de Janeiro.

Devido a essa jornada, iniciada em 1998, quando ingressei no Mestrado, e intensificada em 2000, quando passei a coordenar os cursos de Pós-Graduação *Lato Sensu* de Educação Física da UGF, resolvi produzir um livro com os artigos de nossos alunos de Pós-Graduação em

Musculação e Treinamento de Força, no qual sou o coordenador técnico. Acredito que tal forma de produção do conhecimento seja capaz de ajudar outros profissionais de nossa área a reciclar seus conhecimentos, pois as revisões aqui apresentadas foram elaboradas com base em materiais principalmente de fontes primárias (artigos).

O objetivo é lançarmos um livro por ano com as principais publicações de nossos alunos, objetivando estimular a produção do conhecimento, bem como atualizar os leitores consumidores do conhecimento científico.

Roberto Simão

PREFÁCIO

Como todos já perceberam, hoje as informações são produzidas em uma velocidade muito grande, sendo quase impossível "digeri-las". Esse e outros fatores contribuíram para o distanciamento do produtor de conhecimento e a comunidade para a qual o conhecimento é produzido.

Nesse contexto, atualmente, a Ciência carece de profissionais capazes de difundir suas informações a partir do local de produção, permitindo ao público entendê-la, algo que sem a ajuda necessária torna-se impensável acontecer. O conhecimento produzido sobre treinamento de força não é diferente. Uma quantidade incontável de pesquisas sobre os mais variados temas "bate à porta dos destemidos que se aventuram em navegar num banco de dados". O professor e pesquisador Roberto Simão vem fazer o papel de divulgador científico, como poucos em nossa área. Seus esforços em divulgar os conhecimentos produzidos em nossa área são louváveis. E a prova disso (mais uma) é o presente trabalho. A partir da colaboração de colegas pesquisadores e alunos do programa de pós-graduação da Universidade Gama Filho, Roberto, numa prática pouco cultuada no país, foi capaz de, por meio de sua experiência, "encabeçar" a organização/elaboração do presente trabalho. Certamente se mais pessoas trabalhassem em colaboração, trocando experiências, nossa área estaria com uma produção de conhecimento diferenciada. Finalmente, cabe destacar que o professor Roberto não se presta apenas a revisar o trabalho alheio, ele une as qualidades de um divulgador à prática da pesquisa. Portanto, não se pode esperar mais qualificação de alguém que espera informar pessoas sobre essa excitante área do conhecimento: o treinamento de força.

Reury Frank

SUMÁRIO

CAPÍTULO 1
TREINAMENTO DE FORÇA NA SAÚDE E
QUALIDADE DE VIDA 7

CAPÍTULO 2
TREINAMENTO DA FLEXIBILIDADE 39

CAPÍTULO 3
COMPARAÇÃO ENTRE SÉRIES SIMPLES E MÚLTIPLAS
PARA GANHOS DA FORÇA E HIPERTROFIA MUSCULAR 57

CAPÍTULO 4
ADAPTAÇÕES NEURAIS E HIPERTRÓFICAS 75

CAPÍTULO 5
TREINAMENTO DE FORÇA EM CRIANÇAS E
ADOLESCENTES 91

CAPÍTULO 6
TREINAMENTO DE FORÇA EM MULHERES 115

CAPÍTULO 7
BENEFÍCIOS DO TREINAMENTO DE FORÇA NAS
ATIVIDADES DA VIDA DIÁRIA DOS IDOSOS 133

CAPÍTULO 8
TREINAMENTO DE FORÇA E REABILITAÇÃO
CARDÍACA 157

CAPÍTULO 9
BENEFÍCIOS DO TREINAMENTO FÍSICO NAS
ADAPTAÇÕES CARDIOVASCULARES 177

ÍNDICE GERAL 195

1

TREINAMENTO DE FORÇA NA SAÚDE E QUALIDADE DE VIDA

Roberto Simão[1]

O treinamento de força (TF) – que inclui o uso regular de pesos livres, máquinas, peso corporal e outras formas de equipamento para melhorar a força, potência e resistência muscular – tornou-se uma forma crescentemente popular de atividade física. Recentes recomendações têm sido feitas em relação à prática desse tipo de treinamento em populações sadias[1] e em populações ditas especiais, como pacientes em reabilitação cardíaca, diabéticos e idosos.[1] É aceito, geralmente, que o TF causa aumento de massa magra, ganho de força e potência muscular, além de ser útil como incremento no desempenho físico. Os benefícios do TF são fortemente influenciados pelo grande núme-

---
[1] Universidade Gama Filho

ro de variáveis que podem ser manipuladas em um programa. As variações em carga (peso), volume, intensidade, massa muscular ativa, tipo de contração muscular, tipo de trabalho muscular, intervalo de recuperação entre as séries e sessões, manipulação na ordem dos exercícios, tempo de tensão, equipamento, técnica, nível inicial de condicionamento, situação do treinamento e tipo de programa podem influenciar a magnitude e duração das respostas aos exercícios resistidos (ER) e, finalmente, as suas adaptações.[2] Levando todos esses fatores em consideração, existe uma base acumulativa de evidências que sugere que um número de benefícios relativos à saúde pode ser derivado da participação em um programa de TF bem elaborado. Ao revisar a literatura científica disponível sobre o TF na saúde, observamos diversos fatores que influenciam diretamente na saúde, dentre os quais:

• melhora na saúde cardiovascular, suavizando vários fatores de risco associados a doenças cardiovasculares, produzindo modificações como: redução dos valores da pressão arterial (PA) sistólica em repouso, particularmente em indivíduos hipertensos; decréscimos na resposta da freqüência cardíaca (FC) em repouso; melhoras modestas no perfil lipídico sangüíneo; melhoras na tolerância à glicose;
• proporciona modificações na composição corporal, mantendo ou aumentando a massa magra;
• produz incrementos na densidade mineral óssea (DMO) e ajuda no retardamento ou preveção do desenvolvimento da osteopenia e, conseqüentemente, da osteoporose, reduzindo a perda de substância mineral associada à idade;

- atua como fator coadjuvante sobre a redução da ansiedade e da depressão, além de contribuir para uma auto-eficácia e bem-estar psicológico;
- reduz a possibilidade de lesão durante a participação em outros esportes e atividades do cotidiano. Quando desempenhado corretamente e apropriadamente supervisionado, é uma atividade segura, com baixas taxas de lesão;
- aumenta a força, potência e resistência muscular, resultando em uma maior capacidade de desempenho nas atividades da vida diária e reduz as demandas nos sistemas musculoesquelético, cardiovascular e metabólico.

RESPOSTAS DO TREINAMENTO DE FORÇA SOBRE VARIÁVEIS CARDIORRESPIRATÓRIAS

Freqüência Cardíaca

A FC pode aumentar significativamente como resposta aguda a uma sessão de ER. A magnitude da resposta pode ser afetada por fatores como intensidade, carga, massa muscular ativa e manipulação de outras variáveis.[3] A realização prática dos ERs, geralmente desempenhados intermitentemente, possui os valores médios da FC influenciados pela duração dos períodos de repouso entre as séries dos exercícios e pelo tempo de estímulo aplicado à musculatura atuante.[4] Desse modo, um maior número de repetições resulta em maior FC. Portanto, a FC média obtida durante uma sessão de ER pode não representar exatamente a extensão da fadiga cardiovascular experimentada, nem ser usada como uma estimativa exata da intensidade do exercício.[5] Segundo o NSCA (2001),[5] o melhor fator para indicar a intensidade do exercício de força é o duplo-produto.

Decréscimos da FC no repouso e submáxima a uma dada produção de força e potência são adaptações bem estabelecidas nos ER.[6] Com respeito ao TF, a maioria dos estudos transversais registra que os atletas adaptados a ele possuem FC no repouso similares ou abaixo da média quando comparados a indivíduos sedentários.[7] Decréscimos ou diferenças não significativas têm sido observados em estudos de TF.[8] Em estudos que mostraram reduções na FC no repouso, a mudança é relativamente modesta (aproximadamente 3-10%).[9] As diferenças no resultado são, provavelmente, causadas pelas divergências das diversas metodologias de treinamento empregadas nos vários estudos.

O TF demonstra decréscimo na FC durante o trabalho submáximo e a retomada do exercício.[10] Baixas FCs no exercício, como resultado do TF, têm sido observadas durante o exercício submáximo cíclico[11] e o ER progressivo à mesma carga absoluta.[12] Acredita-se que a FC em repouso seja diminuída como adaptação aos ERs devido a uma reduzida atividade do sistema nervoso simpático e aumento da atividade do parassimpático.[2]

Os decréscimos observados na FC, seguindo o TF, são compensados por um aumento no volume de ejeção, permitindo que o débito cardíaco permaneça mais ou menos constante no repouso ou a uma carga de trabalho submáxima absoluta.[5] A FC está entre os fatores que determinam a demanda de oxigênio no miocárdio. Um decréscimo na FC de repouso ou durante o trabalho submáximo pode resultar em uma demanda reduzida de oxigênio nele.[13]

Pressão Arterial

A PA pode ser considerada o produto do volume sistólico pela resistência periférica total, sendo regulada por uma complexa interação de fatores neurais, metabólicos, cardiovasculares e hormonais. Quando elevada cronicamente, como na hipertensão, torna-se um fator de risco independente para a doença coronariana, associando-se a muitas outras desordens cardiovasculares.[14] As pressões sistólica e diastólica podem mostrar aumento agudo como resultado de atividades intensas no TF. Foi verificado um pico de PA na ordem de 480/350 mmHg em amostra de fisiculturistas, nos quais o valor médio para essa variável foi de 350/250 mmHg, ao serem realizadas repetições até a fadiga em 80, 90, 95 e 100% de 1RM no exercício *leg-press*[15] e em indivíduos que desempenharam 100% de 1RM no mesmo exercício, executando a manobra Valsalva.[16] Entretanto, outros estudos mostram elevações menores, inferiores a 260/170 mmHg.[17, 18] As pressões sistólica e diastólica elevam-se nos ERs devido ao aumento da ação simpática e a um componente de reflexo periférico originado nos músculos ativos como resultado da obstrução do fluxo sangüíneo. A extensão das pressões aumentada parece estar relacionada ao tipo de contração, intensidade, duração, quantidade de massa muscular envolvida e técnica de respiração utilizada.[15, 19]

A maioria dos estudos de secção transversal não mostra diferenças significativas entre atletas de força e indivíduos destreinados na PA de repouso.[9] De maneira similar, a maioria dos estudos de treinamento não mostram nem mudanças nem um ligeiro decréscimo na PA de repouso em indivíduos treinados.[2] Estudos com pacientes hipertensos e levemente hipertensos têm mostrado reduções significativas na PA de repouso, seguindo o TF.[20] Estudos de meta-análise[21] demonstraram reduções de aproximadamente 4,5 mmHg na pressão sistólica e 3,8 mmHg na pressão diastólica no repouso, seguindo o TF. Esses resultados comparam-se favoravelmente com as descobertas de outra meta-análise, desempenhada em estudos de treinamento aeróbio, em que reduções de 4,7 mmHg e 3,1 mmHg na PA de repouso, sistólica e diastólica, respectivamente, foram demonstradas.[22] Embora os efeitos do TF na PA de repouso sejam ainda confusos, quando o treinamento é realizado com o volume mais alto ou em forma de circuito, podem ser observadas reduções na PA no repouso. Isso é significativo, pois reduções modestas na PA diastólica no repouso têm sido associadas a um reduzido risco de desenvolvimento de doença coronária.[3]

Uma adaptação benéfica observada no TF tem sido a elevação atenuada na PA durante o exercício.[18] Uma redução no esforço muscular necessário para levantar um dado peso, juntamente com uma redução no estímulo ao centro de controle cardiovascular, pode contribuir para a resposta da PA observada, seguindo o treinamento.[23] É possível que a sensibilidade barorreceptora alterada possa ser envolvida na regulagem dessa resposta. A PA sistólica é um determinante direto da demanda de oxigênio no miocárdio. Uma redução na PA sistólica, a uma carga padrão, seguindo o TF, provavelmente reduziria a demanda de oxigênio no miocárdio, reduzindo a probabilidade de ocorrência de um evento vascular severo durante a realização de exercícios resistidos e aeróbios ou tarefas diárias de demanda física que requerem levantamento de pesos.

Embora cuidados precisem ser tomados durante a prescrição dos ERs em pacientes com risco de doença cardiovascular, não significa que eles devam ser evitados.[24] Certos cuidados podem ser seguidos para minimizar a resposta da PA durante o ER. Isso inclui enfatizar movimentos dinâmicos, usar técnica de respiração apropriada para evitar a manobra de Valsalva, reduzir ou eliminar esforços máximos durante o treinamento, limitar o número de repetições desempenhadas para chegar à exaustão, usar quantidades moderadas de força, enfatizar a técnica apropriada.

Duplo-Produto

O duplo-produto (DP) é uma estimativa do trabalho no miocárdio e demanda de oxigênio, que pode ser obtido pelo produto da FC e PA sistólica. Segundo Araújo (1984),[25] o DP possui alta correlação (0,88) com o consumo de oxigênio pelo miocárdio, sendo um importante fator preditivo. Essa medida pode ser particularmente importante para a prevenção da doença cardíaca isquêmica (DCI). Essa doença inclui várias desordens que se elevam de um desequilíbrio do suprimento e demanda de oxigênio no miocárdio. Durante os ERs, o DP se eleva rapidamente, sendo dependente de certos fatores, como intensidade e quantidade de massa muscular ativa envolvida no movimento. Parece haver também uma elevação progressiva no DP com um número crescente de repetições em uma dada intensidade.[4] Vários estudos têm registrado um DP reduzido no repouso e durante o exercício submáximo em pacientes sadios, treinados e cardíacos, seguindo o TF.[24] Os DPs mais baixos também foram registrados em fisiculturistas, quando comparados com indivíduos sedentários, durante a ergometria de membros inferiores.[26]

Evidências têm mostrado que o TF pode ser aplicado com segurança, mesmo em casos de indivíduos portadores de acometimentos cardiovasculares.[5] Normalmente, costuma-se aceitar um DP de 30.000 ou mais como o ponto de corte para angina. Baseados nesse fato, alguns estudos têm verificado que o ER é relativamente seguro quanto à resposta do DP tanto em idosos quanto em jovens.[4] De fato, a solicitação cardiovascular proveniente do TF é geralmente menor que aquela observada durante o trabalho aeróbio. Essa premissa pôde ser constatada ao serem observadas tabelas de alguns estudos que averiguaram a resposta do DP em trabalhos aeróbios,[5] em exercícios de força[18] e em experimentos que compararam os dois tipos de treinamento.[13]

O DP reduzido observado é provavelmente o efeito combinado de baixa FC e PA a uma dada atividade, como previamente discutido. A PA reduzida no repouso e durante o exercício submáximo seria considerada uma adaptação positiva, particularmente em indivíduos que possuem DCI. Portanto, uma carga de trabalho mais alta seria exigida para atingir o mesmo DP como conseqüência do treinamento. O resultado dessa adaptação seria, provavelmente, a redução da probabilidade de um evento cardíaco de isquemia durante a atividade física.

POTÊNCIA AERÓBIA

A potência aeróbia, medida pela captação máxima de oxigênio ($VO_{2\,máx.}$), tem sido classicamente usada como um índice de aptidão cardiorrespiratória, mas não é considerada um fator de risco independente para o desenvolvimento de doença da artéria coronariana. O valor obtido tem sido considerado dependente de fatores como idade, gênero e predisposição genética. O tipo, a intensidade, duração e freqüência de treinamento, tão bem quanto um nível inicial na capacidade cardiorrespiratória do indivíduo, irão influir em mudanças no $VO_{2máx.}$.[2,5]

O TF tradicional geralmente não é associado aos aumentos da potência aeróbia. Entretanto, atletas de força que desempenham pouco ou nenhum exercício de resistência mostraram ter $VO_{2\,máx.}$ mais alto[27] quando comparados com indivíduos não-atletas. Vários estudos longitudinais têm mostrado aumentos mínimos (inferiores a 5%) ou nenhuma mudança no $VO_{2máx.}$, seguindo o TF.[9] Porém, foi verificado em amostra de idosos que o TF pode aumentar significativamente a aptidão aeróbia.[28] Quando realizado um treinamento de alto volume, consistido de ER envolvendo grandes massas musculares, aumentos maiores no $VO_{2máx.}$ realmente têm sido observados.[8] Enquanto esse aumento é ainda consideravelmente mais baixo do que os observados em exercícios aeróbios, sugere-se que o TF possa incrementar o metabolismo aeróbio quando o treinamento com maior volume é empregado.[29] O $VO_{2máx.}$ aumentado provavelmente resulta de uma combinação de adaptações cardíacas, vascular periférica e musculoesquelética, que incrementa a oferta e consumo de oxigênio, mas o exato mecanismo desse processo ainda não é claro. É possível que aumentos na proporção de massa corpórea magra, como resultado do TF, possam também ser envolvidos.[2]

Em estudos que empregaram ER em circuito para reabilitação de pacientes cardíacos, aumentos percentuais maiores na captação máxima de oxigênio têm sido observados, variando de, aproximadamente, 11 a 19%.[30] Aumentos na captação máxima de oxigênio de 8 e 21%, quando medidos em exercício contínuo por meio de esteira ergométrica e ergômetro de braço, também foram observados em indivíduos hipertensos fronteiriços que realizaram um programa de ER em circuito.[20]

Aumentos na potência aeróbia são benéficos na medida em que os indivíduos possuem uma capacidade maior de produzir energia via metabolismo aeróbio. Diante de uma produção de potência submáxima padrão, ocorre uma menor utilização do metabolismo anaeróbio e uma maior proporção de energia é derivada de mecanismos aeróbios. Isso resulta em menor tensão metabólica aguda e, potencialmente, num aumento do tempo de trabalho e numa diminuição da fadiga. Entretanto, o treinamento específico para aumentar a potência aeróbia pode limitar a força e a potência máxima. Assim, as análises cuidadosas das metas do programa são necessárias.[2]

RESPOSTAS DO TREINAMENTO DE FORÇA SOBRE VARIÁVEIS METABÓLICAS

Lipídios e Lipoproteínas do Sangue

A hiperlipidemia é freqüentemente associada à doença da artéria coronária, aterosclerose e diabetes. É geralmente aceito que o treinamento de resistência aeróbia melhora os níveis de lipídio e lipoproteína do sangue, porém o efeito do TF é mais polêmico. Não foram observadas diferenças significativas nos níveis de lipídio e lipoproteína do sangue entre indivíduos treinados e sedentários.[31, 32] Entretanto, esses estudos não controlaram fatores como o tipo, volume, a intensidade de treinamento, dieta ou uso andrógeno. Quando há controle do uso andrógeno, atletas de força têm mostrado perfis positivos de lipídio.[33] Embora exista evidência contraditória, vários estudos longitudinais[5] têm mostrado melhoras significativas nos níveis de lipídio e lipoproteína do sangue, resultado do TF que inclui reduções no colesterol total (3-16%) e lipoproteína de baixa densidade (5-39%) e aumentos na lipoproteína de alta densidade (14-27%). Entretanto, esses resultados devem ser interpretados cuidadosamente por causa das várias limitações metodológicas que incluem controle inadequado para a variação normal de níveis de lipídio e lipoproteína do sangue, dieta e composição corporal.[2] Mais pesquisas são necessárias para a realização de conclusões definitivas em relação ao efeito do TF nos perfis de lipídio e lipoproteína do sangue.

Intolerância à Glicose

A intolerância à glicose está associada a um aumento do risco de muitas doenças, incluindo a diabetes não-dependente de insulina, doença coronariana, catarata, derrame, palpitação intermitente, retinopatia, nefropatia e aumento do risco de infecção. Tem sido mostrado que a atividade contrátil imita os efeitos da insulina no músculo esquelético, aumentando a translocação dos canais de glicose do citoplasma para a membrana celular.[34] Isso aumenta a sensibilidade do tecido à glicose e facilita sua deposição. Depois disso, é provável que irá reduzir os efeitos degenerativos da alta circulação de glicose.

A tolerância à glicose e a sensibilidade à insulina melhorada têm sido encontradas em fisiculturistas quando comparados a indivíduos normais. Estudos longitudinais[5] também mostraram que o TF melhora a tolerância à glicose, e a melhora na sensibilidade à insulina mostrou-se maior no TF quando comparada ao treinamento aeróbio. Estudos afirmam que os benefícios provenientes da prática do TF podem ser iguais ou superiores àqueles obtidos com o treino aeróbio. É provável que o TF melhore a tolerância à glicose, aumentando agudamente o transporte dela no músculo durante e logo após uma sessão de ER, cronicamente aumentando a massa magra, e, por conseqüência, a quantidade de tecido disponível para utilização da glicose sangüínea. Isso pode permitir a redução de doses de medicação para pacientes com certas formas de insensibilidade à glicose e oferecer controle melhorado e estabilização de níveis de glicose. Estudos recentes apóiam esses dados, demonstrando o decréscimo da hemoglobina A1c (HbA1c) em pacientes diabéticos comprometidos com os programas de TF.[5] Portanto, há uma evidência crescente que apóia o uso do TF no gerenciamento de pacientes com diabetes.

Consumo de Energia e Composição Corporal

O TF demonstrou produzir aumentos modestos no consumo de energia, com o uso de ER empregando grandes massas musculares, cujo resultado foi maiores consumos de energia.[35] O TF também aumenta o consumo de energia durante a recuperação, indicado por aumentos no consumo de oxigênio após o exercício. O TF tem mostrado elevação da taxa metabólica no repouso, particularmente em indivíduos mais velhos, podendo aumentar o consumo de energia diário médio.[35] Foi atribuído ao TF um aumento no metabolismo basal discretamente maior que a combinação do trabalho aeróbio e de força e significativamente maior que apenas o treinamento aeróbio.[35] Porém, nessa pesquisa, também foi constatado que a redução do percentual de gordura ocorreu mais pronunciadamente no grupo que realizou tanto o trabalho aeróbio quanto o de força, gerando dúvidas quanto a sua veracidade.

Gordura Corporal

Embora as gorduras não sejam consideradas uma fonte primária de combustível durante o TF, triglicérides intramusculares e outras gorduras mostraram decréscimos, seguindo um turno agudo de ER.[36] Taxas de mudanças respiratórias após o ER têm mostrado valores elevados acima do repouso por mais de três horas e diminuem durante o sono em indivíduos comprometidos com o TF, indicando substituições na oxidação do substrato em direção à maior utilização de gorduras em repouso.[35] Uma oxidação aumentada de gorduras, acima do tempo, pode resultar em depósitos diminuídos de gordura no corpo. As reduções nos depósitos de gordura intra-abdominal têm sido observadas em mulheres mais velhas, seguindo o TF.[35] Depósitos de gordura visceral elevados, particularmente na região abdominal, têm sido ligados a um aumento no risco de desenvolvimento de doença cardiovascular (DCV). Portanto, o TF pode ajudar a baixar o risco de DCV, reduzindo a gordura visceral.[2]

Massa Magra

Estudos de secção transversal indicam que indivíduos participantes regulares dos programas de TF, como fisiculturistas, basistas e levantadores de peso de estilo olímpico, possuem porcentagem de gordura no corpo mais baixa que a média.[9] Fleck & Kraemer[9] resumiram 21 estudos de TF, examinando mudanças na porcentagem de gordura corporal. A duração média desses estudos foi de 11,5 semanas e a redução média na porcentagem de gordura no corpo foi de 2,2%. Esses resultados comparam-se favoravelmente a estudos envolvendo atividades de resistência aeróbia, que mostra um decréscimo aproximado de 2% na gordura no corpo, em programas de 15-20 semanas de duração.

A massa magra (MM) é composta de todos os tecidos não gordurosos, incluindo músculos, ossos, órgãos e tecido conjuntivo. A preservação da MM é importante para a manutenção da função normal do músculo esquelético, integridade da massa óssea e taxa metabólica de repouso. A MM está relacionada à força muscular e ao consumo máximo de oxigênio e contribui com a capacidade de suportar atividades da vida diária.[22] A quantidade total de MM é um fator maior associado à taxa metabólica no repouso.[37] No início da meia-idade, a MM decai a uma taxa de, aproximadamente, 3 kg por década.

Em estudos da secção transversal, as perdas de MM são na ordem de 15-30% e têm sido registradas quando se comparam jovens adultos masculinos e femininos com indivíduos mais velhos de aproximadamente 80 anos.[38] Estudos têm mostrado que o TF é capaz de manter ou aumentar a MM em jovens e adultos de meia-idade, homens e mulheres.[2] Nesses estudos, estendendo, a uma duração de 8 a 20 semanas, o aumento na massa livre de gordura é de aproximadamente 1,5 a 3,0 kg. Em relação à manutenção da MM, os mais velhos são uma população em que o TF pode ter particular importância. Decréscimos na massa muscular têm sido atribuídos ao número e tamanho de fibras musculares. As fibras Tipo I e Tipo II decrescem em tamanho como resultado do processo etário, com decréscimo mais pronunciado das fibras Tipo II.[39] Seguindo o TF, aumentos no tamanho das fibras Tipo I e II, na área muscular, e da MM têm sido registrados.[2] A manutenção da massa muscular tem um impacto nos níveis de força e potência muscular tão bom quanto na potência aeróbia e na habilidade de suportar tarefas diárias.[2]

Densidade Mineral Óssea (DMO)

A osteoporose é uma doença que envolve a perda progressiva de DMO, afetando predominantemente os mais velhos, especialmente mulheres na fase pós-menopausa. A perda da DMO resulta num enfraquecimento do tecido ósseo, com predisposição a fraturas.

As forças mecânicas impostas ao osso são críticas para a manutenção e aumento da DMO. Estudos em animais e humanos sugerem que a atividade muscular é efetiva na manutenção da DMO se as forças desenvolvidas alcançarem um esforço efetivo mínimo, que é o nível requerido para estimular nova formação óssea. Por causa das altas solicitações que podem ser desenvolvidas, os ERs parecem ser especificamente destinados a prevenir o desenvolvimento da osteoporose. Diversos estudos demonstraram que o TF aumenta a DMO em uma variedade de populações.[40] Atletas de força têm mostrado DMO mais alta do que sedentários. Estudos de TF longitudinal mostraram aumentos da DMO em indivíduos adultos e mais velhos, embora outros não tenham mostrado mudanças. A maioria das evidências sugere que os aumentos da DMO são específicos para o tipo de exercício desempenhado e membros/articulações envolvidos no movimento.[40] Por exemplo, para aumentar a DMO do fêmur, é necessário incluir exercícios resistidos que ofereçam a carga específica dos músculos, cuja origem ou inserção é no fêmur. O TF pode estimular a formação do osso enquanto inibe a absorção de tecido durante as fases iniciais de um programa de treinamento.[41] Baseado em evidências, tanto a atividade de força quanto o treinamento de resistência ajudam a manter ou aumentar a DMO, com o TF possivelmente tendo um maior efeito global.[42]

EFEITO DO TREINAMENTO DE FORÇA SOBRE O PERFIL PSICOLÓGICO

A ansiedade e a depressão são disfunções psiquiátricas comuns (20-30% de predomínio no curso da vida) que comprometem significativamente a qualidade de vida. Elas são consideradas fatores de risco para outras doenças, como a doença da artéria coronária, úlcera péptica, asma, dores de cabeça e artrite reumática.[5] Os sintomas da depressão estão associados a uma ou mais doenças crônicas e a depressão maior associada a um aumento de 59% no risco de mortalidade no primeiro ano de instalação.[5]

Embora exista controvérsia, é de consenso geral que o exercício está associado ao estado de redução da ansiedade e da depressão.[19] A maioria do trabalho conduz a esses relatos de consenso, focalizados nos efeitos do exercício aeróbio na ansiedade e depressão. Comparativamente, pouca pesquisa tem sido feita com o TF. Entretanto, a pesquisa que foi feita sugere que o TF produz melhoras similares na ansiedade e depressão, podendo melhorar a auto-eficácia e incrementar o bem-estar psicológico, particularmente em populações de pacientes com doença cardíaca e de idosos.[5]

Em estudo de revisão[5] conduzido em mulheres com depressão que fumam e usam antidepressivos e sedativos, foram relatados saúde e capacidade funcional debilitadas e desempenho diminuído nas funções neuromuscular e cognitivas quando comparadas com as que não apresentam depressão, sendo que tais fatores determinam índices significativos de fraturas vertebrais e não-vertebrais.

Assim, o exercício que propicie um aumento da qualidade de vida e independência nas atividades diárias será de suma importância para minimizar a prevalência da depressão. Por isso, sugere-se que o TF seja um modo de manter níveis de força, capacidade física, densidade óssea e bem-estar psicossocial, principalmente na população idosa.[5] Essas hipóteses foram confirmadas quando relatou-se que o TF, associado ao trabalho aeróbio, favorece a qualidade de vida em idosos com níveis elevados e baixos de depressão.[5] Do mesmo modo, verificou-se que o TF realizado entre 70 e 80% de 1RM contribui significativamente para reduzir o estado de ansiedade em adultos.[5]

Risco de Lesão

Os ERs, quando desempenhados adequadamente, são extremamente seguros, com taxas muito baixas de lesão, se comparados com a maioria dos outros esportes e atividades recreativas.[43] O TF tradicional, incluindo máquinas e pesos livres, apresentou uma taxa de lesão de 0.0035 por 100 horas de participação. O levantamento de potência, que envolve tipicamente o levantamento de peso pesado e um baixo número de repetições, tem também apresentado taxas muito baixas de lesão – 0.0027 por 100 horas. Isso o compara favoravelmente a outras atividades comuns, como futebol (6,20 por 100 horas), trilha e campo (0,57 por 100 horas), futebol americano (0.10 por 100 horas), basquete (0.03 por 100 horas) e ginástica (0.044 por 100 horas).[44]

O TF também não está associado a um aumento do risco de lesão séria. Deveria ser notado que o levantamento de peso e exercícios associados, que enfatizam movimentos explosivos de peso livre, mostraram taxas de lesão mais baixas que os exercícios de resistência – 0.0017 por 100 horas *versus* 0,0035 por 100 horas.[44] Portanto, quando supervisionados apropriadamente, os exercícios de peso livres ou de potência não precisam ser contra-indicados por causa do aumento do risco de lesão. O desempenho das tentativas máximas (1RM) tem sido desencorajado por alguns que acreditam que eles estão associados ao aumento do risco de lesão. Entretanto, isso nunca foi mostrado experimentalmente e a maioria das evidências sugere que as lesões ocorridas durante as tentativas máximas são extremamente raras. Ainda é usualmente aconselhável evitar as máximas tentativas em indivíduos pré-púberes ou idosos, por causa de sistemas musculoesqueléticos imaturos ou comprometidos. Em geral, as seguintes diretrizes devem ser seguidas para minimizar o risco de lesão durante o TF: aquecimento adequado antes de cada turno de exercício, técnica apropriada para cada exercício, treinamento supervisionado por pessoal qualificado, marcadores apropriados para cada exercício, número mínimo de repetições após o começo da fadiga, equipamento em ordem apropriada de trabalho e amplo espaço para todos os participantes do exercício.[5]

A participação regular em um programa de TF tem reduzido a taxa e seriedade da lesão durante a participação em outros esportes e atividades.[44] Isso é provavelmente devido ao fortalecimento dos componentes do sistema musculoesquelético, incluindo ligamentos, tendões e cartilagem.[2] Também tem sido mostrado que indivíduos idosos, que possuem um risco elevado de lesão resultante de quedas, são beneficiados com o aumento de massa muscular, força, estabilidade postural e mobilidade funcional ao seguir o TF. Essas adaptações positivas parecem reduzir o número de quedas e lesões experimentadas nos idosos.[45]

Capacidade Funcional

O funcionamento normal diário provavelmente requer do indivíduo o desempenho de atividades como subir escadas, levantamentos e carregamento de objetos pesados. Mesmo uma atividade como caminhar requer algum nível de força muscular e resistência. Nos idosos, existe uma estreita correlação entre força, potência muscular máxima e velocidade de caminhada.[2,9] Também tem sido mostrado que a manutenção de força e potência muscular por toda a vida pode reduzir a predominância das limitações funcionais e que a força e a área da secção transversal predizem melhor a capacidade do exercício em pacientes com doença cardíaca do que medidas hemodinâmicas ou potência aeróbia máxima.[2,9] Estudos em idosos debilitados e pacientes com derrame têm demonstrado que o TF é efetivo na melhora da capacidade funcional, comprovada por melhoras na força, tempo de permanência sentado, equilíbrio e desempenho motor.[46] As combinações de contrações dinâmicas e estáticas são envolvidas na maioria das atividades da vida diária, com cada tipo de contração produzindo uma única resposta fisiológica. O TF promove aumentos nos níveis máximos de força e potência. Como conseqüência, as cargas absolutas representam uma percentagem mais baixa de esforço máximo, reduzindo a intensidade do exercício relativo.[5]

O aumento da resistência como resultado do TF tem sido observada em atividades como agachamento até a exaustão, ciclismo e corrida contínua.[5] Reduções nas concentrações de lactato no sangue a uma carga absoluta e elevações no início do lactato têm sido também observadas seguindo o TF.[5] Em populações idosas, melhoras na força dos membros inferiores, resistência ao caminhar e atividades espontâneas foram observadas em indivíduos que participaram dos programas de TF.[47] Mais recentemente, Hagerman[28] descobriu aumentos significativos no desempenho contínuo e captação máxima de oxigênio em um grupo treinado em força de homens idosos. É aparente que a melhora na força muscular proporciona uma maior reserva e reduz demandas nos sistemas musculoesquelético, cardiovascular e metabólico, fazendo tarefas típicas serem relativamente menos estressantes.

CONSIDERAÇÕES FINAIS

É largamente reconhecido que as adaptações do desempenho, resultado do TF, estão de acordo com o princípio de especificidade do treinamento; isto é, as maiores melhoras no desempenho são observadas em atividades similares às desempenhadas durante o treinamento. Isso tem sido mostrado pelo modo de treinamento, padrão de movimento, tipo de trabalho muscular, velocidade e ângulo de articulação. Também parece que as adaptações relativas à saúde resultam de mudanças específicas ao estímulo solicitado pela manipulação de variáveis do programa. Por exemplo, os benefícios à saúde, relativos aos fatores de risco de doença cardiovascular, parecem estar ligados ao volume de treinamento. Embora ocorra algum benefício no treinamento de baixo volume, a maioria das evidências sugere que maiores melhorias ocorrem com treinamento de volume mais alto. Portanto, os múltiplos conjuntos de ER com grandes massas musculares deverão ser usados com repetições de moderadas a altas quando mudanças nos fatores de risco de doença cardiovascular são desejadas.

Em contraste com as adaptações cardiovasculares, a DMO parece estar ligada à intensidade do exercício e ao padrão de movimento. Para aumentar a DMO, é necessário desempenhar o ER com uma carga relativamente alta, estimulando as partes específicas do esqueleto, como o quadril ou a vértebra. Isso pode ser feito melhor por exercícios que oferecem carga ao esqueleto axial, como o agachamento. O reconhecimento de que diferentes mudanças relativas à saúde estão associadas a variáveis específicas do programa irá permitir programas de TF mais eficientes e benéficos ao projeto. Isso pode também ajudar a explicar a aparentemente contraditória evidência observada em várias áreas da literatura científica por causa da considerável variação nos tipos de regimes usados na pesquisa.

REFERÊNCIAS

1. AMERICAN COLLEGE OF SPORTS MEDICINE. Progression models in resistance training for healthy adults. *Med Sci Sports Med* 2002; 34(2): 364-380.

2. SIMÃO, R. *Fundamentos Fisiológicos para o Treinamento de Força e Potência*. São Paulo: Phorte, 2003.

3. COLLINS, R. R.; PETO, S.; MACMAHON, P.; HERBERT, N. H.; FIEBACH, K. A.; EBERLEIN, J.; GODWIN, N.; QIZILBASH, J. O.; HENNEKENS, C. H. Blood pressure, stroke and coronary heart disease. Part 2. Short-term reduction in blood pressure: Overview of randomized drug trials in their epidemiological context. *Lancet* 1990; 335(8693): 827-838.

4. LEITE, T. C.; FARINATTI, P. T. V. Estudo da freqüência cardíaca, pressão arterial e duplo-produto em exercícios resistidos diversos para grupamentos musculares semelhantes. *Rev Bras Fisiol Exer* 2003; 2: 68-88.

5. CONLEY, M. S.; ROZENEK, R. Health aspects of resistance exercise and training. *J Strength Cond Assoc* 2001; 6: 9-23.

6. HAMMOND, H. K.; FROELICHER, V. F. Normal and abnormal heart rate responses to exercise. *Prog Cardiovasc Dis* 1985; 27(4): 271-296.S

7. SALTING, B.; ASTRAND, P. O. Maximal oxygen uptake in athletes. *J APPL Physiol* 1967; 23: 353-358.

8. STONE, M. H.; WILSON, G. D.; BLESSING, D.; ROZENEK, R. Cardiovascular responses to short-term Olympic Style weight training in young men. *Can J APPL Sports Sci* 1983; 8: 134-139.

9. FLECK, S. L.; KRAEMER, W. J. *Fundamentos do Treinamento de Força Muscular.* Porto Alegre: ArtMed, 1999.

10. PARKER, N. D.; HUNTER, G. R.; TREUTH, M. S.; KEKES-SZABO, T.; KELL, S. H.; WEINSIER, R.; WHITE, M. Effects of strength training on cardiovascular responses during a submaximal walk and a weight-loaded walking test in older females. *J Cardiopulm Rehabil* 1996; 16(1): 56-62.

11. PETERSEN, S. R.; HAENNEL, R. G.; KAPPAGODA, C. T.; BELCASTRO, A. N.; REID, D. C.; WENGER, H. A.; QUINNEY, H. A. The influence of high velocity circuit resistance training on VO_2 máx. and cardiac output. *Can J Sports Sci* 1989; 14: 158-163.

12. PIERCE, K.; ROZENEK, R.; STONE, M. H. Effects of high volume weight training on lactate, heart rate, and perceived exertion. *J Strength Cond Assoc* 1993; 7(4): 211-215.

13. FARINATTI, P. T. V.; ASSIS, B. Estudo da freqüência cardíaca, pressão arterial e duplo-produto em exercícios contra-resistência e aeróbio contínuo. *Rev Bras Ativ Física e Saúde* 2000; 5(2): 5-16.

14. ROBERGS, R. A.; ROBERTS, S. O. *Fisiologia do Exercício*. São Paulo: Phorte, 2002.

15. MACDOUGALL, J. D.; TUXEN, D.; SALE, D. G.; MOROZ, J. R.; SUTTON, J. R. Arterial blood pressure response to heavy resistance exercise. *J APPL Physiol* 1985; 58: 785-790.

16. NARLOCH, J. A.; BRANDSTATER, M. E. Influence of breathing technique on arterial blood pressure during heavy lifting exercise. *Arch Phys Med Rehabil* 1995; 76: 457-461.

17. STONE, M. H.; PIERCE, K.; GODSEN, R.; WILSON, G. D.; BLESSING, D.; ROZENEK, R.; CHROMIAK, J. Heart rate and lactate levels during weight training exercises in trained and untrained men. *Phys Sports Med* 1987; 15(5): 97-105.

18. FLECK, S. J.; DEAN. Resistance training experience and the pressor response during resistance exercise. *J APPL Physiol* 1987; 63(1): 116-120.

19. STONE, M. H.; BLESSING, D. L.; BYRD, R.; BOATWRIGHT, D.; TEW, J.; JOHNSON, L.; LOPEZ-S, A. LOPEZ-S. Physiological effects of a short-term resistive training program on middleage sedentary men. *J Strength Cond Assoc* 1982; 4(5): 16-20.

20. HARRIS, K. A.; R. G. HOLLY. Physiological responses to circuit weight training in bordeline hypertensive subjects. *Med Sci Sports Exerc* 1987; 19: 246-252.

21. KELLEY, G. Dynamic resistance exercise and resting blood pressure in adults; A meta-analysis. *J APPL Physiol* 1997; 82(5): 1559-1565.

22. HALBERT, J. A.; SILAGY, C. A.; FINUCANE, P.; WITHERS, R. T.; HAMDORF, P. A.;

ANDREWS, G. R. The effectiveness of exercises training in lowering blood pressure: a meta-analysis of randomized controlled trials of 4 weeks or longer. *J Hum Hypertens* 1997; 11(10): 641-649.

23. SALE, D. G.; MOROZ, D. E.; MCKELVIE, R. S.; MCDOUGALL, J. D.; MACCARTNEY, N. Effects of training on the blood pressure response to weight lifting. *Can J APPL Physiol* 1994; 19: 60-74.

24. MAIORNANA, A. J.; BRIFFA, T. G.; GOODMAN, C.; HUNG, J. A controlled trial of circuit weight training on aerobic capacity and myocardial oxygen demand in men after coronary artery bypass surgery. *J Cardiopulm Rehabil* 1997; 17(4): 239-247.

25. ARAÚJO, C. G. S. *Manual do Teste do Esforço.* Rio de Janeiro: Ao Livro Técnico, 1984.

26. COLLIANDER EB, TESCH PA. Blood pressure in resistance-trained athletes. *Can J Sports Sci* 1988; 13(1): 31-34.

27. STONE, M. H.; SMITH, D.; WARD, T.; CARTER, D. Olympic weightlifting; physiological characteristics of the athletes. *Academic,* 1979.

28. HAGERMAN, F. C.; WALSH, S. J.; STARON, R. S.; HIKIDA, R. S.; GILDERS, R. M.; MURRAY, T. F.; TOMA, K.; RAGG, K. E. Effects of high-intensity resistance training on untrained older men. I. Strenght, cardiovascular, and metabolic responses. *J Gerontol Biol Sci Med Sci* 2000; 55(7): B336-B46.

29. STONE, M. H.; O' BRYANT, H. *Weight Training: A Scientific Approach.* Minneapolis: Burgess International, 1987.

30. SVEDAHL, K.; HAENNEL, R. G.; HUDEC, R.; HABIB, N.; GEBHART, V. The effects of physical fitness of post-myocardial infarction (MI) patients. *Med Sci Sports Exerc* 1994; 26: S-185.

31. FARREL, P. A.; FOSTER, M. G.; ANHOLM, J.; HARE, J.; LEON, A. S. A comparison of plasma cholesterol, triglycerides and high-density lipoprotein cholesterol in speed skaters, weightlifters and non-athletes. *Eur J APPL Physiol* 1982; 48: 77-82.

32. CLARKSON, P. M.; NIWTERMINSTER, R.; FILLYAW, M.; STYLOS, L. High-density lipoprotein cholesterol in young adult weightlifters, runners and untrained subjects. *Human Biol* 1981; 5: 251-257.

33. HURLEY, B. B.; SEALS, D. R.; HAGBERG, J. M.; GOLDBERG, A. C.; OSTROVE, S. M.; HOLLOSZY, J. O.; WIEST, W. G.; GOLDBERG, A. P. High-density lipoprotein cholesterol in bodybuilders vs. power lifters (negative effects of androgen use). *JAMA* 1984; 252: 507-513.

34. HAYASHI, T.; WOJTASZEWSKI,,J. F.; GOODYEAR, L. J. Exercise regulation of glucose transport in skeletal muscle. *Am J Physiol* 1997, 276(6): E1039-E1051.

35. AMERICAN COLLEGE OF SPORTS MEDICINE. Appropriate Intervention Strategies for Weight Loss and Prevention of Weight Regain for Adults. *Med Sci Sports Med* 2001; 33(12): 2145-2156.

36. ESSEN-GUSTAVSSON, B.; TESCH, P. A. Glycogen and triglyceride utilization in relation to muscle metabolic characteristics in men performing heavy-resistance exercise. *Eur J APPL Physiol* 1990; 61: 5-10.

37. CAMPBELL, W. W.; CRIM, M. C.; YOUNG, V. R.; EVANS, W. J. Increased energy requirements and changes in body composition with resistance training in older adults. *Am J Clin* 1994; 60(2): 167-175.

38. GOING, S. B.; WILLIAMS, D. P.; LOHMAN, T. G.; HEWITT, M. J. Aging body composition and physical activity: a review. *J Aging Phys Activity* 1994; 3: 38-66.

39. GIMBY, G. B.; BANNESKOLD-SAMSOE; HVID, K.; SALTIN, B. Morphology and enzymatic capacity arm and leg muscles in 78-81 year-old men and women. *Acta Physiol Scand* 1982; 115: 125-134.

40. LAYNE, J.; NELSON, M. E. The effects of progressive resistance training on bone density: A review. *Med Sci Sports Exerc* 1999; 31(1): 25-30.

41. FUJIMURA, R.; MUKAI, N.; AMAGAI, H.; FUKUBAYASHI, T.; HAYASHI, K.; TOKUYAMA K, SUZUKI, M. Effect of resistance exercise training on bone formation and reabsorption in young male subjects assessed by biomarkers of bone formation. *J Bone Miner Res* 1997; 12(4): 656-662.

42. FRONTERA, W. R.; MEREDITH, C. N.; O'REILLY, K. P.; KNUTTGEN, H. G.; EVANS, W. J. Strength conditioning in older men: skeletal muscle hypertrophy and improved function. *J APPL Physiol* 1988; 64: 1038-1044.

43. REEVES, R. K.; LASKOWSKI, E. R.; SMITH, J. Weight training injuries. Diagnosing and managing acute conditions. *Phys Sports Med* 1998; 26(2): 67-83.

44. HAMILL, B. P. Relative safety of weightlifting and weight training. *J Strength Cond Assoc* 1994; 8(1): 53-57.

45. PROVINCE, M. A.; HADLEY, E. C.; HORNBROOK, M. C.; LIPSITZ, L. A.; MILLER, J. P.; MULROW CD, ORGY, M. G.; SATTIN, R. W.; TINNETTI, M. E.; WOLF, S. L. The effects of exercise on falls in elderly patients. A pre-planned meta-analysis of the trials. Frailty and injuries: cooperative studies of intervention techniques. *JAMA* 1995; 273 (17): 1341-1347.

46. MEULEMAN, J. R.; BRECHUE, W. F.; KUBULIS, P. S.; LOWENTHAL, D. T. Exercise training in the debilitated aged: strength and functional outcomes. *Arch Physiol Med Rehabil* 2000; 81(3): 3112-318.

47. AMERICAN COLLEGE OF SPORTS MEDICINE. The recommended quantity and quality of exercise for developing and maintaining cardiorespiratory and muscular fitness, and flexibility in healthy adults. *Med Sci Sports Exerc* 1998; 30(6): 975-991.

2

TREINAMENTO DA FLEXIBILIDADE

Luis Eduardo Viveiros de Castro [I]
Roberto Simão [I,II]

A flexibilidade é um termo geral que inclui a amplitude de movimento em uma articulação simples e múltipla e a capacidade para desempenhar tarefas específicas.[1] A amplitude de movimento em uma dada articulação depende, primariamente, da estrutura e da função do osso, músculo e tecido conjuntivo e a sua capacidade para gerar força e potência muscular suficiente.[2] O envelhecimento afeta a estrutura desses tecidos, assim como sua função, sendo uma variável extremamente importante, associada não somente à qualidade de vida na terceira idade mas também à longevidade.[3]

[I] Programa de Pós-Graduação *Lato Sensu* em Musculação e Treinamento de Força – UGF (RJ)

[II] Departamento de Educação Física da Universidade Gama Filho – UGF (RJ)

Diversos trabalhos evidenciam a importância da flexibilidade e de seu treinamento[4, 5] demonstrando serem efetivos na melhoria das capacidades funcionais. Atualmente, existe ainda a preocupação da promoção da saúde vinculada à manutenção ou melhoria de uma vida fisicamente ativa e independente.[6] Pensando dessa maneira, a flexibilidade possui relação direta com o movimento humano, sendo passível de adaptações fisiológicas e mecânicas com o treinamento.[7] Porém, sua metodologia, avaliação ou mesmo prescrição carecem de maiores estudos científicos.[8] O treinamento da flexibilidade parece ser capaz de melhorar o movimento em sua amplitude músculo-articular, diminuindo as resistências dos tecidos musculares e conjuntivos e deformando os mesmos de forma elástica ou plástica.[6] Baixos índices de flexibilidade podem estar associados a problemas posturais, algias, níveis de lesões, diminuição da vascularização local, aparecimento de adesões e aumento de tensões neuromusculares.[9] Alguns estudos[10, 11] evidenciam, também, a necessidade de treinamento da flexibilidade em diferentes faixas etárias, em função das perdas de amplitude em diversas articulações, podendo afetar negativamente a saúde na qualidade de vida. Um estudo realizado com indivíduos da terceira idade, sedentários, submetidos ao treinamento com pesos durante 10 semanas, envolvendo oito diferentes exercícios, evidenciou significante aumento da flexibilidade com o teste de sentar e alcançar, devido ao fato desses indivíduos estarem realizando somente exercícios de força, sendo isso suficiente para a manutenção da flexibilidade.[12] Para tornar o treinamento da flexibilidade otimizado, junto a outras valências, seria necessário prescrever o treinamento não somente com base em uma avaliação, mas no conhecimento dos efeitos do mesmo. Acredita-se que o treinamento da flexibilidade, associado ao treino de força, possui efeitos contrários numa mesma musculatura, ou seja, uma musculatura, após ser submetida ao treinamento com pesos, aumenta sua tensão de descanso e, conseqüentemente, diminui sua flexibilidade.[13] Os exercícios para manter ou aumentar a flexibilidade seriam aplicados para a prevenção encurtamentos e possíveis contraturas para otimização da *performance* muscular. Por outro lado, exercícios realizados anteriormente ao treino resistido e a outros exercícios parecem estar associados ao aquecimento e à prevenção de lesões, buscando ganhos nas propriedades elásticas e melhoria no fluxo sangüíneo, porém, não parece estar devidamente elucidado.[14] Um estudo que realizou uma comparação dos efeitos do treinamento com pesos, flexibilidade e aeróbio na tensão de descanso observou pouca variação da estimulação neural em função da elasticidade do tecido conjuntivo, questionando assim sua utilização conjunta.[13] Parece existir um silêncio mio-elétrico quando realizada a flexão total de tronco, chamado de fenômeno de relaxamento-flexão, onde a atividade elétrica do eretor da coluna é interrompido após atingir 75% de sua amplitude máxima, devido a ação dos receptores que estimulam impulsos aferentes utilizados como reflexos inibitórios.[15] Devemos considerar os efeitos agudos, respostas neurogênicas voluntárias e reflexas assim como as miogênicas, relacionadas às resistências ativa e passiva dos tecidos musculares e conjuntivo, e os efeitos crônicos com ganhos por meio do treinamento de médio e longo prazo.[16] O tempo de tensão aparece como um importante fator na indicação dos treinos de flexibilidade, pois com um maior ou menor tempo, estaremos obtendo diferentes respostas elásticas e plásticas associadas à tensão muscular.[16]

Recomendações de volume e intensidade são feitas para o treinamento de flexibilidade, por entidades internacionais como o *American College Sports Medicine* (ACSM)[4] e *National Strength Conditioning Association* (NSCA),[17] para o seu planejamento. O tempo de duração da tensão aplicada para o desenvolvimento da flexibilidade, assim como a metodologia e freqüência, apresentam-se variados; portanto, esse artigo de revisão procura discutir essas variáveis, assim como os efeitos fisiológicos a ele associados.

MÉTODOS DE TREINAMENTO DA FLEXIBILIDADE

O treinamento da flexibilidade possui, em síntese, o objetivo de aumentar ou manter a amplitude dos movimentos. Para tanto, possui tradicionalmente três métodos amplamente discutidos na literatura,[3,4,18] que buscam identificar seus benefícios e malefícios: o método estático, balístico e facilitação neuromuscular proprioceptiva (FNP).

O método estático, com uma movimentação lenta até o limite de desconforto e a posterior manutenção da postura, parece ser o mais difundido pela sua facilidade de aplicação, aprendizado, menores riscos de lesões e eficiência. Parece também ser o método prioritário no desenvolvimento da flexibilidade quanto a segurança.[19,20] Esse método consegue diminuir a excitabilidade do motoneurônio alfa, em função da menor velocidade, criando melhores adaptações aos tecidos muscular e conjuntivo e favorecendo as propriedades mecânicas.[21] Outro fator abordado é o menor consumo de energia, com diminuição do sofrimento muscular, favorecendo o relaxamento e o alívio de algias.[22] Porém, em outro estudo,[23] observou-se que o método estático contribuiu para o aquecimento geral, relaxamento, prevenção de lesões e melhoria da *performance*. A opinião crítica posiciona-se contrária a essas observações, discutindo que o pequeno aumento da temperatura corporal é insuficiente para proporcionar um aquecimento geral do organismo e diminuir os riscos de lesões, sendo ainda considerado um método com quase nenhuma velocidade de movimento, pouco favorecendo o sistema circulatório e o relaxamento. Em relação ao desenvolvimento da *performance*, pouco valor foi mencionado em função da pequena especificidade do movimento. Estudiosos comentam que o maior benefício do método estático é a diminuição do estresse físico do tecido muscular e tentam identificar o volume e a intensidade para tal atribuição.[24]

O método balístico, caracterizado por movimentos realizados com velocidade de forma ritmada, apresenta uma proposta de treinamento menos monótona e mais específica.[25] Porém, o método parece estimular o reflexo miotático por meio do aumento de tensão dos fusos musculares, devido a velocidade e a força aplicada, criando adaptações neurais inadequadas, assim como maiores possibilidades de lesões.[7] Uma variação importante parece ser o aumento da temperatura corporal, com maior tempo de duração e menor aplicação de força.[26] Existem evidências de que poucos são os esportes que necessitam de graus elevados de flexibilidade estática, necessitando sim da especificidade para a melhoria da *performance*, sugerindo, desse modo, a utilização da técnica de flexibilidade dinâmica, variante do método balístico que atua no aprendizado motor.[27] Acredita-se que essa técnica dinâmica pode ser utilizada como aquecimento para uma atividade física, em função da elevação da temperatura corporal.[27]

Um estudo realizado com jogadoras de tênis, antes e logo após quatro meses de sessões de competições, observou a rotação externa e interna da articulação glenoumeral, avaliando tanto a força como a amplitude de movimento através de equipamento isocinético e goniômetro. O resultado estatístico não apresentou significância, na pré ou pós-temporada, no ganho de amplitude ou força, variando apenas o braço dominante com menor amplitude.[28]

O método FNP, em função da sua ação muscular tanto dos agonistas como dos antagonistas por meio do sistema reflexo dos receptores musculares, parece ser considerado o mais efetivo no ganho de amplitude do movimento.[20] Seus benefícios estão associados ao ganho de flexibilidade, equilíbrio das forças atuantes, melhoria da coordenação inter e intra muscular, circulação sangüínea e relaxamento.[29] Porém, considera-se o método doloroso e perigoso por causa da tensão aplicada à musculatura.[30] O método FNP apresenta-se superior aos demais devido às conquistas neurofisiológicas e às propriedades viscoelásticas atingidas pela unidade músculo-tendão-fáscia.[17] Essas hipóteses são discutidas pelo aumento do limiar excitatório dos receptores musculares, com recrutamento adicional dos motoneurônios alfa e pela deformação do tecido conjuntivo por meio das alterações viscoelásticas. O pesquisador ainda comenta que o método se difere por causa da possibilidade de relaxamento durante as mudanças de comprimento muscular. Outro estudo,[19] realizado com trinta atletas de ambos os sexos, de idade variando entre dezoito e trinta e seis anos, valendo-se de diferentes técnicas do método FNP, questiona as diferenças existentes na flexibilidade entre atividades de corrida de resistência e de alta intensidade. Um goniômetro eletrônico foi utilizado conjuntamente com a eletromiografia para observar os graus de amplitude e do trabalho do quadríceps em movimentos de extensão e flexão do joelho. Observou-se que atletas de intensidade necessitam de menor resistência da musculatura posterior de coxa e maior aumento da extensão do joelho, assim como os atletas de resistência necessitam de menor amplitude de movimento para as corridas de longa distância.

Surpreendentemente, existe pouca pesquisa recente sobre a área de intervenção dos métodos e o incremento da flexibilidade em indivíduos de diversas faixas etárias. A preponderância de evidência é que a flexibilidade desenvolvida por meio de seus métodos podem ser úteis em um programa de exercícios para indivíduos com mobilidade total reduzida ou para aqueles que buscam aumento de *performance* desportiva.

FREQÜÊNCIA SEMANAL, INTENSIDADE E VOLUME

A flexibilidade dispõe de seus métodos para o treinamento e junto a eles existe a sugestão de um tempo ótimo de duração nas tensões aplicadas e freqüência para maior efetividade, com uma predominância para o método estático. O ACSM[4] propõe quantidade e qualidade no desenvolvimento e manutenção dos exercícios de flexibilidade, baseado nas crescentes evidências dos benefícios dos mesmos, como a melhoria da *performance* muscular, amplitude articular e da flexibilidade músculo tendínia por meio de mecanismos proprioceptivos de reflexos inibitórios e de sua viscosidade. Recomenda-se para o método estático e para o FNP a manutenção da postura por um período de 10 a 30 segundos de duração num ponto de desconforto médio; o método FNP utiliza ainda a contração isométrica por um período aproximado de 6 segundos para o aumento da flexibilidade, com uma freqüência de 2 a 3 sessões por semana.[4] Existe uma preocupação com o método dinâmico ao realizá-lo de forma crescente, ou seja, a velocidade é aumentada gradualmente, melhorando, assim, as adaptações aos movimentos do corpo, produzindo melhor aquecimento e especificidade para o desporto.[31] Em contraposição,[2] porém, observamos que a recomendação do método estático por um tempo de duração entre 15 a 30 segundos para um grupamento muscular por dia é suficiente para a maioria das pessoas, relacionando, dessa forma, sua importância na diminuição do encurtamento muscular através da força requerida para produzir mudanças em seu comprimento, conjuntamente com as mudanças viscoelásticas. O estudo comenta brevemente que, para algumas pessoas, existe a necessidade de maior tempo de duração na tensão e repetições para respostas mais imediatas na amplitude articular. Com o efeito analgésico do treinamento por um período superior a 30 segundos, há aumento da tolerância para os exercícios. Assim, o indivíduo sentiria menor desconforto a uma mesma tensão aplicada.

Madding e colaboradores[32] realizaram um estudo dos efeitos na duração com o uso do método estático na abdução de quadril, e não foram encontradas diferenças entre 15, 45 e 120 segundos. O estudo não considerou diferentes grupos musculares, utilizando-se apenas de uma repetição do movimento pelo tempo, sem verificar o somatório das variações dessas durações ao longo do estudo. O estudo sobre tempo de duração[24] usando o método estático com observação de seis semanas e exercícios realizados com duração de 15, 30 e 60 segundos, durante 5 sessões por semana, conseguiu aumentar a amplitude articular em 30 e 60 segundos quando comparados àquele que realizou os mesmos exercícios por 15 segundos. Porém, aumentos adicionais não foram observados no grupo que realizou o treino por 30 segundos e o mesmo treino por 60 segundos. O estudo realizado com observação de dez semanas, com duas sessões por semana, em grupos variados, não encontrou diferenças entre 10, 20 e 30 segundos com o uso do método estático.[33] O estudo dos efeitos do tempo de duração em um programa de treinamento de flexibilidade, ativo e passivo, por um período de cinco semanas, com um grupo de 24 universitários, entre homens e mulheres e uma faixa etária de 20 anos, com dois grupos de tratamento e um de controle, observou diferentes movimentos articulares (flexão e extensão de joelhos), antes e depois dos treinos. Observou-se a ocorrência de amplitudes articulares maiores na flexibilidade ativa do que na passiva, quando comparadas com o grupo controle com 15 segundos de duração.[1] Em uma amostra de 100 indivíduos entre 20 a 40 anos, em ambos os sexos, divididos em cinco grupos, sendo um de controle, procurou-se avaliar não somente o tempo de duração, mas também a freqüência do estímulo em uma postura. Essa amostra foi dividida da seguinte forma: um grupo com treinamento de três sessões ao dia, com estímulo de um minuto, o segundo com três sessões ao dia com duração de 30 segundos, o terceiro com 60 segundos e uma sessão ao dia e o quarto com 30 segundos e uma sessão ao dia, sendo o quinto grupo o de controle. Todos esses treinos foram realizados durante cinco dias da semana, em um período de seis semanas. A conclusão é que não existe diferença significativa entre o treinamento de uma ou três sessões ao dia usando 30 segundos ou um minuto. Esse resultado foi observado ao se comparar o grupo controle com os outros quatro grupos que treinaram.[24] Quanto ao volume de treinamento, temos recomendações variadas. Por meio das observações da adaptação do tecido conjuntivo e muscular nos primeiros estímulos realizados em cada sessão de treinamento, parece ser em torno de quatro o número ideal de repetições por exercício, com uma duração de 12 a 18 segundos em cada posição.[9]

CONSIDERAÇÕES FINAIS

O método FNP parece ser o mais eficiente para o aumento da amplitude de movimento, da atividade elétrica do músculo e da contração excêntrica durante os exercícios, produzindo uma ação analgésica. Porém, pouco se sabe a respeito de possíveis lesões com o treinamento.[34] Uma consideração importante parece ser o desenvolvimento da força com o treinamento da flexibilidade, observado na musculatura agonista solicitada na sustentação da postura durante o treino, possibilitando tempos de duração diferenciados em função de uma maior ou menor capacidade de gerar força, podendo desta forma alterar o planejamento do treinamento. Para tanto, seriam necessárias novas investigações sobre os métodos de treinamento, considerando não somente a amplitude do movimento, mas também o potencial de força da musculatura e relacionando o estímulo e os ganhos do treinamento, no qual durações de tensões acima de 120 segundos poderiam ser interessantes.[1] Percebemos, com a revisão de literatura, a necessidade de mais estudos sobre o treinamento da flexibilidade; investigações podem ser recomendadas quanto ao destreino, efeitos fisiológicos ao treinamento, intervalos entre os exercícios e o somatório do tempo de duração das tensões em cada postura.

REFERÊNCIAS

1. ROBERTS, J. M.; WILSON, K. Effect of stretching duration on active and passive range of motion in lower extremity. *British J Sports Med* 1999; 33: 259-263.

2. SHRIER, I., GOSSAL, K. Myths and truths of stretching. *Physician Sports Med* 2000; 28.

3. CORBIN, C. B.; NOBLE, L. Flexibility: a major component of physical fitness. *J Physical Education Recreation* 1980; 51: 23-24.

4. POLLOCK, M. L.; GAESSER, G. A.; BUTCHER, J. D., *et al.* The recommend quantity and quality of exercise for developing and maintain cardiorespiratory and muscular fitness, and flexibility in healthy adults. *Med Sci Sports Exerc* 1998; 30: 975-99.

5. GLEIM, G. W.; MAHUGH, M. P. Flexibility and its effects on sports injury and performance. *Sportsmedicine* 1997;2 4: 289-299.

6. ACHOUR, JR. A. Estilo de vida e dor na coluna lombar; uma resposta dos componen-

tes de aptidão física relacionado à saúde. *Rev Bras Ativ Física Saúde* 1995;1: 36-56.

7. ALTER, M. J. *Science of stretching*. Champaign: Human Kinetics, 1996.

8. WILLIFORD, H. N.; SMITH, J. F. A comparison of proprioceptive neuromuscular facilitation and static stretching techniques. *Amer Cor Ther J* 1985; 39: 30-33.

9. TAYLOR, D. C.; DALTON, J. D.; SEABER, A. V.; GARRETT, W. E. Viscoelastic properties of muscle tendon units. The biomechanical effects of stretching. *American J Sports Med* 1990; 18: 300-308.

10. ARAÚJO, C. G. S.; PEREIRA, M. I. R.; FARINATTI, P. T. V. Body flexibility profile from childhood to senior. *Med Sci Sports Exerc* 1998; 30: 115.

11. BASSEY, E. J.; MORGAN, K.; DALLOSSO, H. M.; EBRAHIM, S. B. J. Flexibility of shoulder joint measured as range of abduction in a large representative of men and women over 65 years of age. *European J APPL Phys* 1989; 58: 353-360.

12. BARBOSA, A R.; SANTARÉM, J. M.; JACOB, F. W., *et al.* Effects of resistance training on

the sit-and-reach test in elderly women. *J Strength Cond Res* 2002; 16: 14-18.

13. WIEMANN, K.; HAHN, K. Influences of strenght, stretching and circulatory exercises on flexibility parameters of human hamstrings. *Int J sports Med* 1997;18: 340-346.

14. SHRIER, I. Stretching before exercise does not reduce the risk of local muscle injury: a critical review of clinical and basic science literature. *Clin J Sport Med* 1999 ;9: 221-227.

15. GUPTA, A. J. A. Y. Analyses of myo-eletrical silence of erectors spine. *J Biomechanics* 1991;34: 491-496.

16. AVELA, J.; HEIKKI, K.; KOMI, P. V. Altered reflex sensitivity after repeated and prolonged passive muscle stretching. *J APPL Phys* 1986 ;4: 283-1291.

17. BURKE, D. G.; CULLIGAN, L. E. The theorical basis of proprioceptive neuromuscular facilitation. *J Strength Cond Res* 2000;14: 496-500.

18. STAMFORD, B. Flexibility and stretching. *Physician Sports Med* 1981;12: 171.

19. OSTERNING, L. R.; ROBERTSON, R. N.; TROXEL, R. K., et al. Differential responses to proprioceptive neuromuscular facilitation (PNF) stretches techniques. *Med Sci Sports Exerc* 1990; 22: 106-111.

20. MOORE, M. A.; HUTTON, R. S. Electromyographic investigation of muscle stretching technique. *Med Scie Sports Exerc* 1980;12: 322-329.

21. VUJNOVICH, A. L.; DAWSON, N. J. The effect of therapeutic muscle stretch on neural processing. *Physical Therapy* 1991; 20: 145-153.

22. DEVRIES, H. A.; WISWELL, R. A.; BULBULION, R, et al. Tranquilizer effect of exercise. *American J Phys Med* 1981;60: 57-66.

23. MURPHY, D. R. A critical look at static stretching. *Chiroprartic Sports Med* 1991; 5: 67-70.

24. BANDY, W. D.; IRION, J. M. The effect of time on static stretch on flexibility of the hamstring muscles. *Physical Therapy* 1994; 74: 845-852.

25. OLCOTT, S. Partner flexibility exercises. *Coaching Women's Athletics* 1980; 6: 10-14.

26. LIGHT KE, NUZIK S, PERSONIUS W, et al. Low load prolonged stretch versus high load restretch treating knee contractures. *Physical Therapy* 1984; 64: 330-333.

27. HEDRICK, M. A. Dynamic flexibility training. *J Strength Cond Res.* 2000;22: 33-38.

28. ELLENBECKER, T.; ROETERT, P. Effects of a 4-month season on glenohumeral joint rotation strength and range of motion in female collegiate tennis players. *J Strength Cond Res* 2002;16: 92-96.

29. PRENTICE, W. E. *Maintaining and improving flexibility. Rehabilitation techniques sports medicine.* St Louis: Mosby, 1994.

30. CORNELELIUS, W. L.; JENSEN, R. L.; ODELL, M. E. Effect of PNF stretching phases on acute arterial blood pressure. *Canadian J APPL Phys* 1995; 20: 222-229.

31. MANN, D. P.; JONES, M. T. Guidelines to the implementation of a dynamic stretching

program. *J Strength Cond Res* 1999; 21: 53-55.

32. MADDING, S. W.; WANG, J. G.; HALLUM, A., et al. Effect of duration of passive stretch on hip abduction range of motion. *J Orthopedic Sports Physi Therapy* 1987; 8: 409-416.

33. BORMS, J. Optimal duration of static stretching exercises for improvement of coxo femural flexibility. *J Sports Sci* 1988;5: 39-47.

34. MAGNUSSON, S. P.; SIMONSEN, E. B.; AGARD, P., *et al.* Biomechanical responses to repeated stretches in human hamstring muscle. *American J Sports Medicine* 1996; 24: 622-627.

3

COMPARAÇÃO ENTRE SÉRIES SIMPLES E MÚLTIPLAS PARA GANHOS DA FORÇA E HIPERTROFIA MUSCULAR

Adriana Lemos[1]
Márcia Castellar Rezende[1]
Amanda Thamy[1]
Antônio Sérgio P. Souza[1]
Marta Moesch[1]
Roberto Simão[1,II]

Recentemente, em 2002, o American College of Sports Medicine[1] (ACSM) apresentou seu posicionamento quanto ao treinamento com pesos para adultos saudáveis, confirmando uma tendência de desde 1990, quando o

---

[1] Programa de Pós-Graduação *Lato Sensu* em Musculação e Treinamento de Força – UGF (RJ)
[II] Departamento de Educação Física da Universidade Gama Filho – UGF (RJ)

treinamento de força tornou-se, então, parte integrante da prescrição de exercícios cujo objetivo era a melhora da saúde. A partir daí, muitas condutas diferenciadas para a prescrição de exercícios foram adotadas com base na investigação científica.[2]

A veloz evolução das ciências neste último século dificulta a compreensão global e a aplicação prática de todos os fenômenos apresentados em pesquisas, pois freqüentemente nos deparamos com resultados pouco conclusivos e, muitas vezes, questionáveis. Com base em estudos científicos, os profissionais de saúde e a mídia passaram a divulgar a importância da prática de exercícios e o estilo de vida esportivo passou a ser investimento em saúde na qualidade de vida.

O treinamento de força tem sido apontado em inúmeros estudos como efetivo método no aumento da força e hipertrofia muscular, saúde, prevenção e reabilitação.[3] Ainda assim, alguns componentes importantes, que funcionam como indicadores do controle das variáveis de volume e intensidade, podem ser investigados com maior atenção, pois, apesar da prevalência de recomendação de múltiplas séries (duas a três séries pelo menos) de cada exercício para ganho de força e hipertrofia, encontradas nos livros textos, existem também muitos estudos que contestam as múltiplas séries.[3,4]

O objetivo deste estudo é analisar e confrontar as informações atualizadas, selecionadas em artigos científicos que apresentam posicionamentos diferenciados sobre o número de séries necessário para ganhos de força em indivíduos destreinados.

TREINAMENTO DE FORÇA NA SAÚDE E QUALIDADE DE VIDA

A prescrição de exercícios possui uma trajetória histórica em seu contexto: teve início na década de 1950, visando reabilitação e *performance* desportiva, e, na década de 1960, iniciou-se de modo mais objetivo a aplicação em adultos saudáveis.[5] Após a Segunda Grande Guerra Mundial, iniciou-se um processo de prescrição de treinamento com pesos para veteranos de guerra, objetivando reabilitação e aumento da massa muscular, incorporando-se o treinamento progressivo com cargas intensas e poucas repetições. Para aumento da capacidade de resistência, priorizou-se um número alto de repetições com cargas relativamente baixas. Os resultados foram benéficos, de acordo com seus objetivos, sendo então reconhecidos pela comunidade médica.[6]

A maioria das pesquisas realizadas sobre os benefícios da atividade física ainda recai sobre as atividades aeróbias, consideradas uma forma de mensurar saúde e freqüentemente morbidade e mortalidade cardiovascular.[7] Porém, o treinamento de fortalecimento muscular tornou-se uma das formas mais populares de exercícios, tanto para desenvolvimento musculoesquelético quanto para a saúde.[4]

É praticamente de senso comum[8,9] que os ganhos iniciais de força, principalmente em indivíduos não treinados, sejam obtidos por causa do aumento da ativação neural voluntária dos músculos treinados, enquanto a hipertrofia muscular assume, gradativamente, uma função importante no desenvolvimento da força em períodos posteriores. Isso tem sido observado em homens, mulheres, crianças e idosos.[10]

Brentano e Pinto[10] afirmam que o incremento na produção de força do músculo esquelético induzido pelo treinamento não depende somente da quantidade ou qualidade dos músculos envolvidos, mas também da capacidade do sistema nervoso em ativar adequadamente os grupos musculares envolvidos. O treinamento de força parece provocar alterações no sistema nervoso (adaptações neurais), as quais proporcionam a otimização na ativação dos grupos musculares, além de um aprimoramento na coordenação de movimentos. O termo "adaptações neurais" tem sido utilizado para resumir três fenômenos que influenciam no aumento da força: o aumento do número de unidades motoras (UMs) recrutadas, o aumento da freqüência de disparo dessas UMs e uma redução na co-ativação dos grupos musculares antagonistas ao movimento.

Na questão metodológica, as definições de força variam entre diversos autores, mas a mais atual e significante é aquela que define a força muscular como quantidade máxima de força que um músculo ou grupo muscular pode gerar em um padrão específico de movimento, em uma determinada velocidade.[11]

Pesquisas evidenciam que os trabalhos de desenvolvimento muscular, por meio do treinamento de força, conseguem um aumento de massa muscular. Por outro lado, o exercício físico regular está associado a uma menor possibilidade de desenvolvimento de várias doenças crônicas degenerativas.[12] Estudos epidemiológicos consistentes demonstram que os indivíduos fisicamente ativos adoecem menos[7] no decorrer da vida. Embora recentes estudos indiquem que o treinamento de força contribui para uma redução no risco de determinadas doenças, tais como câncer, coronariopatia, *diabetes mellitus* e osteoporose, ainda são necessárias mais pesquisas para confirmar tais evidências.[13]

A diminuição da capacidade muscular aumenta o risco de lesões e está associado ao envelhecimento, sendo um fator de preocupação para a população idosa devido ao aumento do risco de quedas e fraturas. A prevenção de quedas nos Estados Unidos tem se tornado uma constante preocupação, por isso muitos estudos tem sido realizados nos últimos anos, na área de treinamento de força, visando demonstrar que o fortalecimento muscular aumenta o equilíbrio e diminui o risco de quedas e fraturas.[14]

Atualmente, o ACSM (2002)[1] recomenda o treinamento de força 2 a 3 vezes por semana, no mínimo 30 minutos por sessão, de 1 a 3 séries com 8 a 12 repetições. Através do posicionamento do ACSM, esses padrões de prescrição podem variar sensivelmente de acordo com as diferenças individuais e objetivos, determinando mudanças importantes na questão da prescrição. Os benefícios atribuídos ao treinamento de fortalecimento muscular dependem de uma série de variáveis, incluindo intensidade, duração e volume de exercícios necessários para alcançar os objetivos individuais.[4]

COMPARAÇÃO ENTRE SÉRIES SIMPLES E SÉRIES MÚLTIPLAS

Segundo Feigenbaum e Pollock,[3] o volume de treinamento é um produto do número de séries realizadas por cada exercício, o número de repetições completadas dentro de cada série e a quantidade de peso levantado. Embora a prescrição de 3 séries de 8 a 12 repetições, realizadas 3 vezes por semana, seja típica para a maioria dos treinamentos em academias, o número ideal de séries, em cada exercício, para desenvolver força muscular continua controverso.

Carpinelli e Otto[15] sugerem, também, que as evidências são insuficientes para que se possa concordar que um maior volume de exercício (por meio de série múltipla) gere um ganho de força muscular ou hipertrofia superior a um volume mínimo (por meio de série única). E ainda, de acordo com esses autores, não existe evidência que comprove que uma série única de um exercício possa ser menos produtiva que séries múltiplas nos grupos especiais ou nas pessoas da população em geral.

De acordo com o ACSM (1998),[2] o volume recomendado de treinamento contra-resistência tem sido estudado por aproximadamente 40 anos. Numa abordagem de revisão do volume de treinamento proposta por Carpinelli e Otto,[15] Feigenbaum e Pollock[3] chamaram a atenção para os resultados dos estudos que investigavam programas de treinamento contra-resistência de séries únicas *versus* séries múltiplas não-periodizadas em populações não-atléticas. Somente dois estudos mostraram aumento de força significativamente superior, ao comparar 3 séries com 1 série. Nenhum estudo demonstrou uma diferença significativa no desenvolvimento de força quando comparada 1 série com 2 séries.

Na maioria dos relatos, Carpinelli e Otto[15] não encontraram diferenças significativas no aumento de força muscular quando comparados protocolos de 1 série com 2 séries, 1 série com 3 séries, 1, 2 e 4 séries, 3, 4, 5 e 6 séries e 5 a 15 séries. Assim, concluem que não se deve esperar nenhuma diferença significativa na amplitude da força adquirida como resultado de programas de 1 série e múltiplas séries, até 15 séries, no período compreendido entre 4 a 25 semanas. Portanto, na opinião desses autores, deve-se obter os benefícios dos programas com exercícios de contra-resistência com volumes mínimos e não com os máximos toleráveis para se alcançar os resultados necessários.

Hass e colaboradores,[4] baseados num estudo das diferenças de 1 para 3 séries, por 13 semanas, com levantadores de peso recreativos de longo prazo, concluíram que, diante da inexistência de diferenças entre um treinamento de série única e treinamento não-periodizado de série múltipla, uma única série de 8 a 12 repetições representa um método eficiente para ganhos de força muscular, a despeito da forma física do indivíduo. Na opinião deles, isso é importante para as pessoas que desejam os benefícios da saúde e condicionamento físico, mas que não dispõem de tempo para se dedicar a programas de treinamento de contra-resistência de séries múltiplas.

O ACSM[1] recomenda um regime de treinamento com pesos de, no mínimo, 1 série por exercício de 8 a 12 repetições para os adultos interessados na boa forma em geral. Mesmo que essas recomendações sejam baseadas na relação tempo-eficácia de programas de série única, os ganhos de força foram similares àqueles observados nos programas de série múltipla não-periodizados. Entretanto, Kraemer e colaboradores[16] sugerem que os programas de série única são mais apropriados a indivíduos não-treinados ou que estejam iniciando um programa de treinamento de força. Esses autores sugerem que, uma vez adquirida a boa forma inicial, as séries múltiplas tornam-se mais indicadas que a série única na obtenção da adaptação fisiológica ótima. Segundo esses autores, o sistema neuromuscular irá se adaptar a um dado estímulo de força. Ocorrida essa adaptação, as séries múltiplas tornam-se um estímulo superior, isto é, tanto em um período de meses ou anos, os programas de séries múltiplas deverão produzir ganhos de força mais rapidamente do que as séries únicas, devido a uma dose maior de variações de estímulo de treinamento.

DURAÇÃO DO TREINAMENTO

Numa revisão abrangente proposta por Carpinelli e Otto,[15] realizada com base nos dados de todos os treinamentos referenciados na tabela 1, os autores constataram que não houve diferenças significativas no aumento da força e hipertrofia, como resultado de exercícios com série única ou múltipla, nos treinamentos com duração de 4 a 25 semanas. Nesse aparte, na opinião dos autores, os dois pontos críticos da grande maioria dos estudos sobre programas de treinamento de força é exatamente a sua curta duração, usualmente de 6 a 12 semanas, assim como a participação de indivíduos não-treinados.

AUTORES	TREINAMENTO	DURAÇÃO
Berger	Diferentes combinações de séries e repetições	12 semanas
Kraemer *et al.*	Série única	Até a fadiga
	Série múltipla	Sem fadiga muscular
	Série múltipla variada	14 semanas
	Série única Série múltipla variada ou grupo de controle diferentes	9 meses
Coleman	Série única vs. duas séries	10 semanas
Graves *et al.*	"	12 semanas
Pollock *et col.*	"	12 semanas
Westcott	"	4 semanas
Capen	"	12 semanas
Starkey *et col.*	Série única vs. três séries	10 semanas
Terbizan e Bartels	"	8 semanas
Silvester *et al.*	"	8 semanas
Reid *et al.*	"	8 semanas
Stowers *et col.*	"	7 semanas
Messil e Dill	"	10 semanas
Jacobson	"	10 semanas
DeHoyos *et al.*	"	10 semanas
Wescott *et col.*	"	10 semanas
Welsch *et col.*	"	14 semanas
Leighton *et col.*	"	8 semanas
Stadler *et col.*	"	8 semanas
DeHoyos *et al.* e Pollock *et al.*	"	6 meses
Vincent *et col.*	"	25 semanas
Ostrowski *et col.*	"	10 semanas
Hass *et col.*	"	13 semanas
Withers	Mais de três séries	9 semanas
Ciriello *et col.*	"	16 semanas

Tabela 3.1: Duração do treinamento, por diferentes autores.

Os autores constatam que, em sua revisão, com exceção do estudo de Berger, não há referência relevante na literatura que dê suporte ao clamor de que as séries múltiplas sobrepõem-se às únicas. Foram consideradas limitações na elaboração desses estudos, com variáveis que podem confundir, como, por exemplo, diferentes números de repetições, resistência global, grupo de músculos específico, equipamento de exercício e tipo de ações musculares dentro de uma investigação.

Em outro estudo, proposto por Kraemer e colaboradores,[16] o objetivo foi comparar série única à exaustão muscular e 2 séries, com e sem variantes, sem exaustão muscular, por 14 semanas, em homens moderadamente treinados. Esse estudo foi dividido em três protocolos:

1) 1 série à exaustão;
2) 2 séries múltiplas variadas (volume e intensidade);
3) 2 séries múltiplas constantes.

O teste aplicado foi de 1RM para medir a força máxima dinâmica no exercício agachamento paralelo. As variáveis do treinamento analisadas incluíram volume/intensidade e intensidade relativa das séries. Essa média foi analisada por semana e por fase:

- Fase 1 - 0/5 semanas;
- Fase 2 - 7/14 semanas;
- Fase 3 - 0/14 semanas.

Nos testes, foram realizadas comparações adicionais de força máxima, dividindo-se o agachamento de 1RM pela composição corporal e massa corporal magra. Os métodos indicaram que o treinamento com séries múltiplas (sem exaustão) nos dois casos (2 e 3) são superiores às séries únicas (com exaustão) (1) quanto ao aumento de força no agachamento.

Após a fase 1, as séries múltiplas variadas (2) apresentaram aumentos mais rapidamente no agachamento do que as séries únicas (1); enquanto as séries múltiplas produziram ganhos entre os dois grupos (2 e 3). As séries múltiplas variadas (2) atingiram treinamento e intensidade relativa superiores às séries únicas (1) e séries múltiplas (3).

Na fase 2, as séries múltiplas variadas (2) e séries múltiplas (3) obtiveram quantidade de volume mais elevada, respectivamente, do que as séries únicas (1).

Em suma, esse estudo não observou diferença significativa na composição corporal e ganhos de força. Kraemer e colaboradores[16] sugerem que o aumento da massa corporal magra é responsável pelo ganho de força em indivíduos treinados com peso. Entretanto, os resultados desse estudo indicam que aumentos de força em 1RM no agachamento podem ser obtidos sem aumento da massa corporal magra.

Segundo Hakkinen e Komi,[9] 80% da intensidade relativa ou mais de 1RM são necessárias para maximizar a ativação neural. Acredita-se que a taxa mais elevada das melhoras na série múltipla variada, durante a fase 2, está relacionada à ativação neural.

Esse estudo de Kraemer e colaboradores[16] é similar aos anteriores que também utilizaram indivíduos não-treinados, diferenciando-se apenas por relatar que séries múltiplas produzem ganhos de força máxima em perna e quadril quando comparadas aos treinos com série única.

Para os indivíduos treinados moderadamente, os resultados indicam que séries múltiplas (sem fadiga) geram ganhos superiores de força de agachamento de 1RM quando comparada a 1 série única (à exaustão). A fase inicial do treinamento indica que o volume é mais importante do que a intensidade no aumento de força no agachamento.[16]

A duração das sessões de treinamento tem vantagens para alguns. O tempo que se leva para completar as sessões de 1 série única (à exaustão) varia de 20 a 30 min e as séries múltiplas, de 40 a 60 min.[2] Sendo assim, em treinos de menor número de séries, há economia de tempo, porém, redução no progresso. Se o objetivo for o aumento da força máxima e hipertrofia muscular, não se justifica a economia de 20 minutos para atingi-lo.

ORGANIZAÇÃO DO TREINAMENTO

Observamos que alguns autores citam a variação de estímulos (volume X intensidade) como estratégia importante para objetivar ganhos de força máxima. Segundo Mazzeti e colaboradores,[17] a chave para ganhos continuados em força máxima é a variação no estímulo do exercício. Assim, um esquema de treinamento de força que utilize variantes de volume e intensidade programados, podem produzir resultados superiores quando comparados aos esquemas que não utilizam estímulos com variantes.

O uso de múltiplas séries no treinamento de força tem produzido ganhos de força máxima.[16] Contrariamente, outros estudos encontraram limitados ganhos de força quando comparados diferentes volumes de treinamento. Fleck e Kraemer[18] sugerem que o sistema neuromuscular irá adaptar-se aos estímulos de força aplicados e, uma vez ocorrida essa adaptação, séries múltiplas serão necessárias para realizar um estímulo superior. Portanto, durante o período de meses e anos, programas de séries múltiplas deveriam produzir ganhos de força mais rápidos do que programas de séries simples.

Outros dados interessantes da literatura são citados por Mazzetti e colaboradores,[17] que relatam dados referentes aos efeitos diretos da supervisão (treinamento personalizado) no treinamento de força, demonstrando diferentes velocidades de adaptação aos estímulos imprimidos ao sistema neuromuscular. Em seu estudo, o autor demonstra que indivíduos com treinadores pessoais e periodização nas cargas de treinamento possuem maiores ganhos de força do que aqueles que não possuem treinadores personalizados e não realizam periodização no treinamento. Ambos os grupos utilizaram séries múltiplas como variantes de carga no treinamento.

Feigenbaum e Pollock[3] consideram que há poucos estudos bem controlados que mostram a comparação entre as séries únicas e as séries múltiplas não-periodizadas de programas de treinamento de contra-resistência em indivíduos com experiência em treinamento de peso. Em contrapartida, Hass e colaboradores,[4] ao realizarem estudo em pessoas treinadas, não encontraram diferenças nos ganhos de força quando realizadas variações de volume de treinamento. Numa abordagem objetiva e clara, em estudos revisados sobre o assunto, Carpinelli e Otto[15] questionam a informação de que as séries múltiplas são necessárias em treinados ou destreinados.

Kraemer e colaboradores[16] demonstram que em aplicações práticas, um alto volume de carga, usada durante a fase inicial de treinamento, pode facilitar ganhos iniciais em força máxima em indivíduos moderadamente treinados. Após essa fase inicial do treinamento, um protocolo com maior intensidade e variação no volume podem facilitar ganhos de força. Oferecendo suporte a essa informação, o autor demonstra diversos conceitos de periodização que podem levar a ganhos de força máxima mais rapidamente.

Em recente revisão de 41 estudos compreendendo o período de 1962-2004, comparando série simples e múltiplas em indivíduos treinados e destreinados[19], indicou que os programas de séries simples seriam importantes para iniciantes e destreinados, mas que para indivíduos treinados séries múltiplas seriam mais efetivas para os ganhos de força e hipertrofia. Galvão e Taffe[20] também em revisão afirmaram que séries múltiplas seriam mais eficazes independentemente do nível de treinamento do indivíduo

Portanto, novos estudos com diferentes propostas de treinamento e maior duração parecem ser necessários para verificação dos ganhos de força e hipertrofia, mas atualmente existe uma tendência em demonstrar que séries múltiplas são mais efetivas do que séries simples, não importando o grau de treinamento do praticante.

CONSIDERAÇÕES FINAIS

De acordo com os estudos referenciados, verificamos que, em sua maioria, não são encontradas diferenças significativas nos ganhos de força em treinamentos realizados com séries únicas ou múltiplas. O que deve ser levado em consideração são os fatores motivacionais e o tempo, onde o prazer e a diversidade incentivam o praticante. O que seria interessante investigar é o comportamento humano relacionado aos objetivos individuais projetados. Sugerimos também um estudo mais padronizado em relação às cargas, pois a metodologia das variantes utilizadas nos estudos apresentados é uma tanto variada e questionável.

REFERÊNCIAS

1. AMERICAN COLLEGE OF SPORTS MEDICINE. Progression models in resistance training for healthy adults. *Med Sci Sports Med* 2002; 34: 364-380.

2. AMERICAN COLLEGE OF SPORTS MEDICINE. Position stand on the recommended quantity and quality of exercise for developing and maintaining cardiorespiratory and muscular fitness, and flexibility in adults. *Med Sci Sports Exerc* 1998; 30: 975-991.

3. FEIGENBAUM, M. S.; POLLOCK, M. L. Strength training-rationale for current guidelines for adult fitness program. *Phys Sports Med* 1997; 25: 44-64.

4. HASS, C. J.; GARZARELLA, L.; HOYOS, D.; POLLOCK, M. L. Single versus multiple sets in long-term recreational weightlifters. *Med Sci Sports Exerc* 2000; 32: 235-42.

5. CARPENTER, D.; NELSON, B. Low back strengthening for health, rehabilitation, and injury prevention. *Med Sci Sports Exerc* 1999; 31: 18-24.

6. POLLOCK, M. L.; EVANS, W. J. Resistance training for health and disease: introduction. *Med Sci Sports Exerc* 1999; 31: 10-11.

7. BRILL, P. A.; MACERA, C. A.; DAVIS, D. R.; BLAIR, S. N.; GORDON, N. Muscular strength and physical function. *Med Sci Sports Exerc* 2000; 32: 412-16.

8. MORITANI, M. A.; DE VRIES. Neural factors versus hypertrophy in the time course of muscle strength gain. *American J Physical Med* 1979; 58: 115-130.

9. HAKKINEN, K.; KOMI, P. V. Electromyographic changes during strength training and detraining. *Med Sci Sports Med* 1983;15: 455-460.

10. BRENTANO, M. A; PINTO, R. S. Adaptações neurais ao treinamento de força. *Rev Bras Ativ Física Saúde* 2001; 6: 65-77.

11. SIMÃO, R. *Fundamentos fisiológicos para o treinamento de força e potência*. São Paulo: Phorte, 2003.

12. SIMÃO, R.; VIVEIROS, L.; LEMOS, A. Treinamento de força – adaptações neurais e hipertróficas. *Rev Baiana Educação Física* 2001; 2: 39-44.

13. LEMMER, J. T.; HURLBUT, D. E.; MARTEL, G. F., et al. Age and gender responses to strength training and detraining. *Med Sci Sports Exerc* 2000; 32: 1505-12.

14. FLEMING, B. E.; WILSON, D. R.; PENDERGAST, D. R. A portable, easily performed muscle power test and its association with falls by eldery persons. *Archive Phys Med Rehab* 1991; 72: 886-9.

15. CARPINELLI, R. N.; OTTO, R. M. Strength training. Single versus multiple sets. *Sportsmedicine* 1998; 26: 73-84.

16. KRAEMER, J. B.; STONE, M. H.; O'BRYANT, H. S., et al. Effects of single versus multiple sets of weight training: impact of volume, intensity and variation. *J Strength Cond Res* 1997; 11: 143-147.

17. MAZZETTI, S. A.; KRAEMER, W. J.; VOLEK, J. S., et al. The influence of direct supervision of resistance training on strength performance. *Med Sci Sports Exerc* 2000; 32: 1175-1184.

18. FLECK, S. J.; KRAEMER, W. J. *Designing resistance training programs.* Champaign: Human Kinetics, 1997.

19. WOLFE BL, LEMURA LM, COLE PJ. *Quantitative Analysis of Single-Set Programs in Resistance Training.* J Strength Cond Res 2004; 18:35-47

20. GALVÃO DA, TAFFE DR. *Single vs. Multiple set Resistance Training: recent developments in the Contraversy.* J Strength Cond Res 2004; 18:660-667

4

ADAPTAÇÕES NEURAIS E HIPERTRÓFICAS

Roberto Simão [I,II]
Luís Eduardo Viveiros de Castro [I]
Adriana Lemos [I]

Os principais fatores que contribuem para o incremento da força durante o treinamento são as adaptações neurais e as hipertróficas.[1,2] O programa ideal para otimizar a força muscular ou hipertrofia continua problemático, particularmente para atletas bem treinados em força, cuja resposta adaptativa ao treinamento é mínima. O problema pode ser atribuído, em parte, às qualidades desconhecidas sobre o intercâmbio complexo entre fatores neurais e hipertróficos, assim como uma falta de integração do

---

[I] Programa de Pós-Graduação *Lato Sensu* em Musculação e Treinamento de Força – UGF (RJ)

[II] Departamento de Educação Física da Universidade Gama Filho – UGF (RJ)

que é conhecido sobre esses fatores nos regimes de treinamento de força.[3] Embora muitos dos principais programas, incluindo o treinamento de força em séries múltiplas, séries até a falha concêntrica e treinamento com altos volumes de séries e repetições, tenham aspectos positivos, pela natureza dos mecanismos propostos, eles também possuem características que exigem efetivamente adaptações de ambos (neural e hipertrófico).

Fatores neurais são freqüentemente dominantes em programas de treinamento para pessoas bem treinadas, pois é de senso comum que eles contribuem primordialmente para ganhos iniciais de força e possuem pouco impacto nos ganhos de massa muscular. Na verdade, o estímulo para promover a eficiência do controle motor pode não ser o mesmo estímulo para promover a maximização da hipertrofia.[4] Esse aspecto simplista não acontece nas relações indiretas ou secundárias entre os fatores neural e hipertrófico. Por exemplo, Kraemer e colaboradores[4] (1996) sugerem que, mesmo em um treinamento individual intenso, uma deficiência no recrutamento neuromuscular pode levar a uma hipertrofia incompleta por meio das fibras musculares utilizadas. Assim, sem um firme entendimento dos fatores neurais, particularmente o comportamento motor, o propósito efetivo dos programas do treinamento de força pode ser prejudicado.

Considerando esses fatores, é importante observar que o treinamento de força tem dois componentes separados que se interagem. O treinamento do primeiro componente, o sistema nervoso, dirige-se principalmente no sentido do aumento de força. Treinando o outro componente, o sistema muscular, objetiva-se a produção de hipertrofia. Cada tipo de treinamento é direcionado para produzir adaptações específicas em cada sistema, enquanto acarreta efeitos que realçam adaptações do treinamento no outro sistema. A proposta desse artigo é apresentar um modelo de programa de treinamento de força dirigido aos sistemas neural e hipertrófico, com variações freqüentes e específicas nos protocolos de treinamento.

SISTEMA NEURAL

O termo adaptações neurais tem sido utilizado para resumir três fenômenos que influenciam no aumento da força: o aumento do número de unidades motoras recrutadas, o aumento da freqüência de disparo dessas unidades motoras e uma redução da co-ativação dos grupos musculares antagonistas ao movimento.[1] Talvez a melhor forma de melhorar o treinamento de força seja o desenvolvimento do sistema nervoso. A proposta de treinamento do sistema nervoso é incrementar a habilidade de recrutar unidades motoras de alto limiar e melhorar a coordenação inter e intramuscular.[3]

Unidades motoras são recrutadas e estressadas com base numa variedade de estímulos. As adaptações feitas por elas e a totalidade dos músculos envolvidos no treinamento varia de acordo com o estímulo. De acordo com a ordem de recrutamento, as unidades motoras são recrutadas de baixo para alto limiar, se houver aumento desta. Esse recrutamento está associado com a ordem de recrutamento do tipo de fibra de baixo limiar (fibras oxidativas) para o de alto limiar excitatório (fibras glicolíticas). Entretanto, podem existir variações nessa ordem por causa da fadiga, tipo de contração utilizada, metodologias de treinamento e suas respectivas adaptações.[5, 6] Portanto, músculos agrupados pelas similaridades funcionais, neurais ou metabólicas podem resultar na variação do padrão de recrutamento no músculo.[7] Independente da ordem de recrutamento, quanto mais força é requerida, as unidades motoras adicionais precisam ser ativadas e suas taxas de recrutamento aumentadas para produzir mais força.[8] Concluindo, maior força pode ser produzida pelo aumento do número absoluto de unidades motoras, por meio dos grupos de músculos sinérgicos ou por uma rede relativa aumentada na ativação, devido à inibição das unidades motoras antagonistas. Assim, quando fadigado, o sistema de controle motor torna-se um processo complexo, influenciado por parâmetros bioquímicos e psicofísicos.[9]

A variável do treinamento de grande importância, quando classificamos um programa de hipertrofia ou neural, é a intensidade de carga (peso). No treinamento neural, a porcentagem de carga por meio do teste de 1RM é muito alta. Poucas repetições levam a um decréscimo de tempo sob tensão muscular e, assim, são necessárias mais séries para fadigar totalmente as fibras de alto limiar. Foi sugerido que as fibras musculares recrutadas, mas não fatigadas, não fossem treinadas.[10] A primeira meta no treinamento do sistema nervoso é a promoção da máxima ativação neural, e a fadiga do sistema nervoso central (SNC) deve ser considerada. A fadiga do SNC, por ser de origem neurobiológica ou psicológica, reduz o esforço central e o recrutamento das unidades motoras.[9] A fadiga do SNC está ligada a um grande número de mudanças neuroquímicas que podem ter curso de tempo mais longo do que o da fadiga do músculo.[9] Por isso, se cada músculo não é metabolicamente recuperado, o sistema nervoso pode não ser capaz de recrutar fibras de alto limiar. Essa comprovação nos leva a sugerir que o treinamento de alta intensidade exige longos intervalos de descanso entre as séries, para assegurar recuperação adequada.[11]

O grande número de séries prescrito no treinamento neural pode limitar o número de tipos de exercícios executados em uma sessão de treino. Um número limitado de exercícios, com muitas séries, é recomendado sobre muitos exercícios diferentes com poucas séries, porque um grande número de repetições pode provocar mudanças neurais adicionais. Repetição é o elemento chave no conhecimento motor.[12] Assim, um grande número de séries de um simples exercício deve facilitar as adaptações motoras para um movimento particular e intensidade do treinamento.[13] Para evitar o treinamento de um número limitado de grupo de músculos, por causa do uso de um ou poucos exercícios, recomenda-se o uso de um composto de exercícios que envolvam múltiplas articulações e grandes grupamentos musculares.

Com o objetivo de aumentar a massa muscular mais do que a força, são geralmente usadas cargas de moderada intensidade e mais repetições.[4,11] Entretanto, ciclos breves de treinamento, usando altas intensidades, podem realçar uma resposta de hipertrofia se a intensidade do treinamento for, mais tarde, reduzida com a inclusão do descanso adequado.[14] Existem muitas possíveis razões para afirmar que a inserção de um ciclo de treinamento neural, durante o treinamento hipertrófico, pode ser benéfico. Primeiro, se os ganhos de massa são obtidos durante os períodos de alta intensidade, isso ocorre primariamente devido a oposição entre a proteína contrátil e a proteína não contrátil, acompanhado do trabalho de alta repetição.[15]

Maximizar o recrutamento das unidades motoras, por meio da alta intensidade do trabalho neural, por um ou dois mesociclos (2-6 semanas), pode habilitar previamente fibras musculares subutilizadas para serem treinadas.[4] Além disso, outros sistemas que suportam hipertrofia, como o sistema endócrino, são influenciados pela estimulação neuromuscular.[4] Adaptações neurais podem permitir o uso de cargas pesadas para um dado número de repetições, aumentando o estímulo hipertrófico.[16]

TREINAMENTO E HIPERTROFIA

A primeira meta do treinamento da hipertrofia é a produção de um estímulo que promova um incremento na massa muscular como uma reposta adaptativa. Embora não completamente compreendido, tem sido sugerido que o prejuízo mecânico leva ao catabolismo da proteína, provocando uma supercompensação da síntese da proteína do músculo durante o período de recuperação.[4] Programas de treinamento que promovem ganhos de massa tendem a provocar maior fadiga muscular. No entanto, a relação entre a fadiga muscular e a hipertrofia não é bem conhecida. É plausível que essa fadiga pode resultar em mudanças metabólicas ou hormonais,[4] ou criar mais estresse mecânico e danos ao músculo. Independente do mecanismo, um incremento no tamanho do músculo nem sempre é acompanhado por um proporcional aumento de força.[3]

Igualmente ao treinamento neural, muitos componentes do treinamento precisam ser manipulados para a promoção da hipertrofia. O primeiro é a baixa intensidade no treinamento hipertrófico quando comparado com o treinamento neural. A baixa intensidade permite um número entre 6 e 12 repetições e incrementa o tempo sob tensão por série. O número de séries prescritas por exercício para levar à fadiga muscular é normalmente menor do que no treinamento neural, por causa do incremento do número de repetições. Somando-se a isso, os intervalos de descanso entre as séries podem ser curtos: 45-120 segundos parece ser adequado.[11] Também, outros exercícios podem ser selecionados para cada parte do corpo, dependendo do tamanho da massa muscular envolvida.

Concluindo, indicações que mostram variações de volume e intensidade podem ser inseridas em ordem, num programa anual de treinamento, para promover as grandes adaptações nos sistemas neural e hipertrófico. Independente das respostas individuais ao volume e à intensidade do trabalho,[16] se um regime particular não produzir resultados, é necessário adaptar um método alternativo. Ao planejar variações na metodologia do programa, pode-se atingir patamares que nos dão boa vantagem do efeito potencial de sobrecarga entre o treinamento neural e hipertrófico.[17]

TEMPO DE ADAPTAÇÃO

Mudando a biomecânica do exercício como o ângulo da articulação em relação a carga e posição dos membros, pode-se introduzir novos desafios para o sistema nervoso.[10,12] Além disso, diferentes tipos de movimento podem causar diferentes compartimentos musculares ou fazer que os músculos sinérgicos se tornem mais ou menos ativos.[2] Nesses casos, o sistema nervoso é forçado a reorganizar os padrões de contração ou extrair das diferentes unidades motoras, recursos que possam, mais tarde, promover ganhos de força ou massa muscular.[3]

É freqüentemente aceito que os patamares, na progressão do treinamento, são resultados de uma resposta adaptativa limitada dos primeiros movimentos. Entretanto, estabilizar e suportar as adaptações do músculo é importante para os incrementos de força,[18] pois estabilizar inadequadamente o músculo pode intervir negativamente nos incrementos da intensidade.[19] Sem capacidade de resistência ou treinamento neural, os estabilizadores podem ser rapidamente sobrecarregados e dar sinais de inibição sensorial, resultando numa tendência ao desgaste neural nos primeiros movimentos. Isso é previsível, se o trabalho específico para estabilizar ou neutralizar os músculos for subseqüentemente acionado com treinamento de alta intensidade para os primeiros movimentos.[3]

SELEÇÃO DE EXERCÍCIOS, TEMPO DE TENSÃO E VELOCIDADE DE EXECUÇÃO

O número total de diferentes exercícios é relativamente pequeno, portanto, uma grande variação de exercícios parece ser limitada, dificultando uma maior capacidade de maximização de recrutamento das unidades motoras. Para superar esse problema, pode-se usar métodos, combinando movimentos das muitas articulações durante o treinamento neural. É muito importante na variação da seleção regular de exercícios, a possibilidade de mudanças nos tipos de exercícios a cada 4-8 sessões de treinamento para cada parte do corpo.[12] Todos os músculos poderão ser treinados continuamente, entretanto, diferentes movimentos podem ser escolhidos em ordem para permitir que o sistema nervoso se recupere de um dado exercício particular. Em adição, variando os tipos de trabalhos musculares concêntrico, excêntrico, autotônico e isométrico, atinge-se as adaptações neurais específicas[20].

O tempo total que um músculo fica sob tensão é função do número de repetições e da velocidade do movimento ou tempo para executar o levantamento. Muitos indivíduos, inadvertidamente, ajustam o tempo sob tensão com o número de repetições executado. Essa não é a questão, embora, quanto mais repetições são feitas, maior período de tempo sob tensão. O tempo tem normalmente três fases: excêntrico, pausa (isométrico) e concêntrico. Os tempos podem variar, mesmo que seja recomendado que a duração total de uma série não exceda 70 segundos.[17] Séries superiores a 70 segundos, provavelmente, não possuem carga suficiente para produzir uma força adequada ou o desenvolvimento da hipertrofia, devendo ser focada mais para a resistência muscular.

Assim como outros parâmetros de intensidade, o tempo poderá ser mudado toda as vezes que for apresentada uma nova e desafiante situação. Por exemplo, contrações de baixa aceleração devem ser implementadas para incrementar a produção de força.[10] Incrementar a força em baixa velocidade é uma propriedade relacionada aos músculos de velocidade-tensão e pode ainda trazer a vantagem de diminuir a inibição do Órgão Tendinoso de Golgi.[21] Por outro lado, o tempo rápido de execução ou potência pode resultar em diferentes adaptações de recrutamento de unidades motoras e, conseqüentemente, em ganhos de força específicos.[22, 23] Variações do tempo podem ainda provocar estímulos específicos para diferentes modos de contração. Poucos indicadores científicos sobre a velocidade nos permitem inferir qual a melhor velocidade de execução para ganhos neurais ou hipertróficos.[24]

DURAÇÃO E FREQÜÊNCIA DO TREINAMENTO

Sugere-se, independentemente da meta do treinamento, que uma sessão não possa durar mais do que uma hora.[25] Sessões longas têm provocado o decréscimo de intensidade do esforço, diminuição dos níveis de motivação e até mudanças nos resultados.[26] A freqüência do treinamento poderá ser baseada na habilidade individual de recuperar-se e varia de acordo com o estágio de treinamento individual, intensidade de carga, dieta ingerida e horas de sono. O treinamento típico é muito freqüente e, assim, as mudanças na programação dos exercícios muitas vezes levam à diminuição da freqüência. Pode ser muito importante considerar que, no período de um ano, existem fases de exaustão em que se pode exercitar pouco ou nada durante duas ou quatro semanas. Essas semanas de descanso são inseridas em ordem, para realizar o efeito do treinamento num ciclo prévio[12] e evitar perdas efetivas. Para superar ou evitar essas perdas, ao implantar variações do programa no planejamento é necessário distinguir as boas das más adaptações.[3]

Sucesso no treinamento é o melhor que se pode alcançar, quando existe um plano de ação direto, na direção de uma determinada meta. O treinamento pode ser quebrado dentro das sessões individuais, microciclos, mesociclos (tipicamente microciclos severos – aproximadamente 2-6 semanas), e macrociclos. Metas planejadas em torno de um mesociclo, de preferência num macrociclo, são geralmente suficientes para a maioria das pessoas. Dentro de um mesociclo, uma série de microciclos pode ser planejada e sessões individuais preparadas. Todas as sessões deverão ser repetidas no treinamento diário, em seqüência, para controle da progressão. As metas são estabelecidas para induzir motivação, dar direção e, conseqüentemente, promover adesões.[3,26]

CONSIDERAÇÕES FINAIS

Em conclusão, é possível, para atletas treinados, obter ganhos significantes de força, com treinamentos semanais relativamente curtos. Para atletas que também praticam algum esporte, tempos extras utilizados na sala de musculação podem significar tempo desperdiçado ou podem levar a um supertreinamento. Para indivíduos que buscam saúde na qualidade de vida, os maiores ganhos de força parecem decorrentes da adaptação neural. No treinamento priorizando estética, a variação dos estímulos neurais e hipertróficos é necessária para a obtenção do objetivo.

REFERÊNCIAS

1. BRENTANO, M. A, PINTO, R. S. Adaptações neurais ao treinamento de força. *Rev Bras Ativ Física Saúde* 2001; 6: 65-77.

2. MORITANI, M. A; DE VRIES. Neural factors versus hypertrophy in the time course of muscle strength gain. *American J Physical Med* 1979; 58:115-130.

3. BLOOMER, R. J.; IVES, J. C. Varying neural and hypertrophic influences in a strength program. *J Strength Cond RES* 2000; 22: 30-35.

4. KRAEMER, W. J.; FLECK, S. J.; EVANS, W. J. Strength and power training: physiological mechanisms of adaptation. *Exerc Sport Scie Rev* 1996; 24: 363-397.

5. ENOKA, R. M. *Neuromechanical basis of kinesiology*. Champaign: Human Kinetics, 1994.

6. ZEHR, E. P.; SALE, D. G. Ballistic Movement: muscle activation and neuromuscular adaptation. *Canadian J APPL Phys* 1994; 19: 363-378.

7. LATHAM, N. K.; VANDEM, N. Will muscle compartmentalizations affect our practice? *Physiotherapy Canadian* 1996; 48: 92-95.

8. BURKE, R. E. *Selective recruitment of motor units.* West Sussey: Sons Ltda, 1991.

9. DAVIS, J. M.; BAILEY, S. P. Possible mechanisms of central nervous system fatigue during exercise. Med Sci Sports Exerc 1997; 29: 45-57.

10. SALE, D. G. Influence of exercise and training on motor unit activation. *Exerc Sport Sci Rev* 1987; 15: 100-105.

11. BAECHLE, T. R.; EARLE, W. R. *Essentials of strength training and conditioning.* Champaign: Human Kinetics, 2000.

12. IRWIN, K. D.; PALMIERI, J.; SIFF, M. Training variation. *J Nat Strength Cond Assoc* 1990; 12: 14-24.

13. BERNARDI, M.; SOLOMONOW, M.; NGUYEN, G.; SMITH, A.; BARATTA, R. Motor unit recruitment strategies change with skill acquisition. *European J APPL Phys* 1996; 74: 52-59.

14. HAKKINEN, K.; PAKARINEN, A.; ALËN, M. KAUHANEM, H.; KOMI, P. V. Daily hormonal and neuromuscular responses to intensive strength training in 1 week. *Intern J Sports Med* 1988; 9: 422-428.

15. MACDOUGALL, J. D.; SALE, D. G.; ALWAYS, S. E.; SUTTON, J. R. Muscle fiber number in biceps brachii in bodybuilders and control subjects. *J APPL Phys* 1984; 57: 1399-1403.

16. HAKKINEN, K.; ALÉN, M.; KOMI, P. V. Changes in isometric force and relaxation time, electromyographic and muscle fiber characteristics of human skeletal muscle during strength training and detraining. *Acta Phys Scand* 1985; 125: 573-585.

17. STONE, M. H.; O'BRYANT, H. S.; GARHAMMER, J. G. A hypothetical model for strength training. *J Sports Med* 1981; 21: 342-351.

18. RUTHERFORD, O. M.; JONES, D. A. The role of learning and coordination in strength training. *European J APPL Phys* 1986; 55: 100-105.

19. SCOVILLE, C. R.; ARCIERO, R. A.; TAYLOR, D. C.; STONEMAN, P. D. End range eccentric antagonist/concentric agonist strength ratios:

a new perspective in shoulder strength assessment. *Jl Orthopedic Sports Phys Physioteraphy* 1997; 25: 203-207.

20. HORTOBAGY, T.; HILL, J. P.; HOUMARD, J. A.; FRASER, D. D.; LAMBERT, N. ;, ISREAL, R. G. Adaptive responses to muscle lengthening and shortening in humans. *J APPL Phys* 1992; 30: 197-210.

21. EDSTROM, L.; GRIMBY, L. Effect of exercise on the motor unit. *Muscle Nerve* 1986; 9: 104-126.

22. BEHM, D. G.; SALE, D. G. Intended rather than actual movement velocity determines velocity-specific training response. *J APPL Phys* 1993; 73: 359-368.

23. SIMÃO, R.; MONTEIRO, W. D.; ARAÚJO, C. G. S. Fidedignidade inter e intra dias de um teste de potência muscular. *Rev Bras Med Esporte* 2001; 7: 118-124.

24. SIMÃO, R.; MONTEIRO, W. D.; ARAÚJO, C. G. S. Potência muscular máxima na flexão do cotovelo uni e bilateral. *Rev Bras Med Esporte* 2001; 7: 157-162.

25. ZATSIORSKY, V. M. *Science and practice of strength training.* Champaign: Human Kinetics, 1995.

26. MAGILL, R. A. *Motor learning: concepts and applications.* Champaign: Human Kinetics, 1993.

5

TREINAMENTO DE FORÇA EM CRIANÇAS E ADOLESCENTES

Gedeon Rosa[I]
Marco Aurélio F. Pereira[I]
Roberto Simão[I,II]
Rogério I. Perdigão[I]
Uirá Paixão A. Silva[I]

É indiscutível a importância da atividade física na vida de qualquer indivíduo, pois ela é capaz de contribuir de forma significativa para o bem-estar físico e também mental.[1] Evidências científicas mostram que a perda de capacidade funcional, morbidade e aumento da mortalidade, atribuídas a doenças crônicas e lesões, estão associadas a um estilo de vida sedentário em adultos.[2] Crianças e jovens precisam movimentar-se para que seus desen-

---
[I] Programa de Pós-Graduação *Lato Sensu* em Musculação e Treinamento de Força – UGF (RJ)
[II] Departamento de Educação Física da Universidade Gama Filho – UGF (RJ)

volvimentos psíquicos e físicos sejam harmônicos. Como a escola e o ambiente doméstico são limitadores, as crianças necessitam participar de programas de exercícios físicos e esportes para atingirem sua plenitude de bem-estar.[3]

Alguns dos benefícios da atividade física regular, durante a infância e adolescência, podem ser observados posteriormente na vida adulta. Estudos têm demonstrado uma associação entre níveis de alta atividade com níveis mais baixos de gordura corporal, aumento na mineralização óssea e baixa incidência do uso de álcool e fumo. Exercícios obtiveram sucesso quando usados em conjunto com outras intervenções (dieta e medicamentos) no tratamento da obesidade, hipertensão e de outras doenças crônicas. Dentre as diferentes modalidades do treinamento físico, o "treinamento de força" vem ganhando cada vez mais popularidade. O número crescente de boas academias, o desenvolvimento de equipamentos mais sofisticados, a facilidade dos horários de treinamento, a possibilidade de melhorar o visual corporal são alguns dos fatores que tem contribuído para o desenvolvimento do treinamento de força.[4,5]

Os recentes trabalhos mostram que o treinamento de força também melhora as condições cardiorrespiratórias, facilitando a aceitação deste tipo de treinamento por parte dos estudiosos em educação física, fisioterapeutas e médicos do esporte. Em oposição ao que ocorre com adultos, os esportes e exercícios são elementos naturais na vida da criança e do adolescente, sendo importante que sejam iniciados o mais cedo possível para que possam prevenir "doenças de civilização", tão freqüentes em adultos.[6]

O treinamento de força para crianças e adolescentes vem ganhando destaque especial na atualidade. Muitos conceitos antigos, considerados verdadeiros tabus, estão sendo rompidos, porém, ainda não é unânime a validade do treinamento de força, nesta faixa etária, por professores de educação física e por médicos. Muitos programas de vários esportes estão utilizando cada vez mais o treinamento de força. Antes de ganhar velocidade, de ser bom no arremesso, de chutar uma bola, o atleta precisa ser forte e melhorar a sua qualidade muscular. Por isso a importância cada vez maior do treinamento de contra-resistência.[7] Na faixa etária da criança e do adolescente, esse tipo de atividade assume papel fundamental, não somente gerando um bem-estar físico e facilitando o desenvolvimento corporal mas também como elemento agregador social e até mesmo terapêutico para casos patológicos de depressão e desajustamento social.

Os treinamentos de força cada vez mais ganham espaço entre os jovens, pois são exercícios completos e mais fáceis de serem escolhidos, pois permitem uma flexibilidade maior de horários, além de promoverem uma definição corporal de grande importância nesta idade, melhorando a auto-estima e permitindo conseqüentemente uma maior adaptação da criança e do adolescente na sociedade. Não obstante a notória vantagem do exercício nessa faixa etária, até hoje ainda se questiona a validade ou não do treinamento de força para crianças e adolescentes. Ainda é muito discutido o real benefício da prática da musculação nessa faixa etária, principalmente em relação à segurança (lesões) e eficácia.[8]

Força é a capacidade de exercer tensão muscular contra uma resistência, sendo requisito fundamental na maioria das atividades físicas diárias de crianças e adultos.[9] O treinamento de força é um método de exercício de resistência progressiva específico para aumentar a força muscular. No entanto, o treinamento de força, quando mal orientado, pode ser uma atividade de risco, provocando lesões, tais como problemas articulares, dores lombares e mesmo hipertensão arterial. Isto faz que muitos profissionais sejam contra este tipo de exercício em crianças e adolescentes.[9]

    A freqüência de lesões no TF, porém, é baixa quando comparada a muitas outras atividades infantis consideradas seguras. Além disso, o treinamento de força, na realidade, ajuda a reduzir a incidência de lesões graves na prática de esportes. A incidência de injúrias pode ser minimizada quando são adotadas normas de treinamento adequadas para esta faixa etária. Lillegard[8] e colaboradores (1997), ao estudarem 52 adolescentes pré-puberes submetidos a treinamento de força, encontraram somente um caso de lesão. Crianças podem melhorar a *performance* com o treinamento de força em atividades atléticas em que a força, a resistência e a velocidade são importantes. Mas, será que o treinamento de força pode causar ganhos na força muscular de crianças e adolescentes? Ou pode prejudicar o sistema esquelético dessa faixa etária? Será que o treinamento de força prejudica o crescimento da criança e do adolescente? A Associação Nacional de Força e Condicionamento, as Sociedades de Medicina Desportiva e a Academia Americana de Pediatria são unânimes em aceitar que as crianças e adolescentes podem ser beneficiadas com um programa de treinamento de força corretamente prescrito e supervisionado.[9, 10]

ASPECTOS CARDIOVASCULARES

Normalmente, as crianças preferem exercícios intermitentes, nos quais turnos de esforço intenso são alternados com curtos períodos de descanso ou de atividades menos árduas. Embora qualitativamente as respostas hemodinâmicas e respiratórias das crianças sejam equiparáveis às dos adultos, existem algumas diferenças quantitativas.[9]

O crescimento acarreta aumento da massa muscular, com proporcionais aumentos do consumo de oxigênio corporal, do débito cardíaco e da capacidade de trabalho. O desempenho do exercício dinâmico depende dessas alterações fisiológicas relacionadas ao crescimento. A capacidade aeróbia máxima é sabidamente menor nas crianças, mas isso parece não ser um fator limitante para as atividades habitualmente exercidas, talvez por causa da compensação oferecida pelo baixo peso corporal.[9] Com relação à idade, não há diferença nos índices de utilização de CP e ATP, ao contrário da utilização de glicogênio, normalmente menor nas crianças. Isso faz que o índice de produção de lactato pelo músculo esquelético de um menino pré-adolescente seja cerca de 65 a 70% do obtido por um adulto jovem, sendo este índice ainda menor em crianças mais novas. O aparelho respiratório das crianças parece ser também menos eficiente que o do adulto, fazendo o volume-minuto mais elevado para qualquer nível de VO_2 máximo ser a principal diferença.[11]

Uma característica hemodinâmica distinta nas crianças é o baixo volume sistólico apresentado quando em repouso, após todos os níveis de esforços. Embora apresente maior mobilidade de freqüência cardíaca, a compensação oferecida ao débito cardíaco é apenas parcial, de modo que este é sempre inferior ao dos adultos em um mesmo nível metabólico. Em relação aos aspectos cardiovasculares, é importante que todas as crianças, ao iniciarem a prática de exercícios regulares, particularmente em grupos, sejam submetidas a uma avaliação médica, que poderá ser mais ou menos aprofundada de acordo com as condições clínicas encontradas.[9] Por exemplo, muitas cardiopatias são silenciosas, independente do risco que provoquem. Além disso, é necessário que seja avaliado o efeito negativo do próprio treinamento quanto ao agravamento da alteração cardíaca, principalmente no que se refere a exercícios físicos exagerados.[11]

A capacidade funcional (CF) é o resultado da integração de múltiplas funções orgânicas e, em grande parte, depende da capacidade do coração em fornecer suprimento sangüíneo à altura das necessidades metabólicas dos músculos em exercício.[9] Os mecanismos relacionados à liberação de oxigênio nos tecidos são considerados os principais fatores limitantes da capacidade de realização de exercícios.[12] Dessa forma, a capacidade funcional não pode distinguir indivíduos normais de indivíduos cardiopatas e, mesmo entre estes, estabelecer a gravidade e demonstrar a progressão ou regressão do comprometimento funcional das doenças que a limitam. Nos laboratórios de ergometria, a CF pode ser determinada por meio de índices de trabalho físico, pelo consumo de oxigênio corporal máximo ou pelo tempo de tolerância ao esforço.[9] Os dados da literatura médica demonstraram que todos eles aumentam com a idade, desde a infância até a adolescência, quando são observados os maiores valores e, a partir daí, declinam através dos anos.[11] Alguns fatores são limitantes de exercícios, tais como altas atitudes e presença de distúrbios cardiopulmonares.

GANHO DE FORÇA E HIPERTROFIA MUSCULAR

O ganho de força em crianças varia conforme a fase de crescimento e desenvolvimento. As crianças na fase pós-puberal conseguem os maiores ganhos, cerca de três vezes o ganho das crianças em fase pré-puberal e duas vezes o ganho das crianças em fase puberal. A maioria dos ganhos em crianças pós-puberais resulta do crescimento da massa muscular (hipertrofia), bem como de fatores não musculares, como adaptação do sistema nervoso ou neuromuscular ao treinamento. Apesar dos ganhos de força serem evidentes em crianças pré-puberais e puberais, o mesmo não ocorre com os ganhos em massa muscular.[9] Não é, portanto, resultado de hipertrofia, mas sim da capacidade do sistema nervoso central em estimular os músculos.[5]

O aumento da massa muscular nos pós-puberais provavelmente está relacionado ao aumento da produção do hormônio masculino (testosterona), que se inicia na fase puberal,[10] associado ao aumento na produção de hormônio do crescimento. Kraemer e colaboradores[13] (1992) demonstraram aumentos nos níveis séricos de testosterona em adolescentes submetidos a programas de treinamento de força, em períodos superiores a dois anos. Seguindo este raciocínio, adolescentes de sexo feminino não se beneficiariam com o treinamento de força, pois não haveria aumento de testosterona. No entanto, podem obter ganho de força e hipertrofia muscular, provavelmente explicados por outros fatores neurais e outros hormônios.

É importante que os profissionais envolvidos em atividades esportivas infantis não criem perspectivas de ganhos de massa muscular com o treinamento de força de crianças em fase pré-puberal, pois isso irá provocar frustrações, uma vez que isso só será possível quando estas crianças iniciarem a fase da puberdade (quando ocorre aumento da testosterona).[9] Portanto, é muito importante que o programa de treinamento infantil esteja de acordo com a dinâmica de crescimento e desenvolvimento de cada estágio puberal.

O desenvolvimento ósseo na criança também pode ser intensificado pelos exercícios de força. O treinamento de força aumenta a tensão muscular e compressão, importantes para estimular a modelagem do osso.[14] O aumento da densidade do osso através do treinamento de força pode ser um dos fatores mediadores primários envolvidos nas observações de que esse treinamento previne lesões em jovens atletas.[9]

CONSIDERAÇÕES PARA A CRIANÇA

O período da criança caracteriza-se pelo crescimento constante, favorecendo o desenvolvimento de habilidades básicas e dos movimentos fundamentais. Variações individuais na *performance* motora entre crianças são tão grandes que podem ser alteradas em pouco tempo. Certamente, a hereditariedade e as qualidade naturais herdadas dos pais têm importante papel no desempenho individual e nas suas variações.[10]

As realizações físicas aumentam de forma linear e acentuada com a idade, mas diferenças sexuais na força média (força da parte inferior do corpo) não parecem ser muito grandes. Os garotos apresentam melhor desempenho em atividades relacionadas à força da parte superior do corpo, quando comparadas às atividades da parte inferior. As garotas apresentam melhor desempenho em atividades que exigem equilíbrio e flexibilidade.[10]

CONSIDERAÇÕES PARA A ADOLESCÊNCIA

O desempenho melhora com a idade, durante a puberdade, mas o padrão de desenvolvimento não é uniforme para a mesma idade, sexo e atividade.[9, 10] Para as meninas, o desempenho de força estabiliza; para os meninos, a força aumenta com a idade, em proporção média com a aceleração acentuada durante os estirões de crescimento, quando há incrementos visíveis de massa muscular. Visto que grandes incrementos no tamanho muscular não são possíveis, sobretudo durante o início da adolescência, é importante que todos os envolvidos no esporte infantil não estimulem jovens atletas a participarem de treinamento de força apenas para ganho de músculos hipertrofiados. Esses ganhos serão possíveis apenas após a ocorrência das alterações hormonais durante esse estágio de crescimento, pois incrementos na massa muscular comparam-se ao desenvolvimento dos órgãos sexuais.[9, 10]

A partir da adolescência, os garotos ficam bem mais fortes do que as garotas na parte superior do corpo. Parece haver menor diferença na força das pernas. Em geral, a força está relacionada, visivelmente, ao tamanho corporal e à massa muscular livre de gordura, dando vantagem aos garotos, pois tendem a participar em mais atividades físicas do que as garotas.[10]

LESÕES

Esportes e exercícios são classificados de acordo com suas probabilidades de provocar colisão ou contato.[4,5,15] Nos esportes de colisão, os atletas colidem com grande força entre si ou mesmo com objetos inanimados, como o próprio chão. Nos esportes de contato, como o futebol ou o basquetebol, os atletas também podem colidir entre si ou com objetos inanimados, mas com muito menor força de colisão.

Esportes de contato limitado, como ginástica, podem ser tão perigosos quanto esportes de contato ou colisão e mesmo esportes em que não há contato, como levantamento de peso, podem provocar sérias lesões. No entanto, essa classificação, embora possa refletir insuficientemente o grau de risco de lesões, de qualquer modo nos dá uma idéia comparativa da possibilidade de lesão.[16]

A participação de crianças e adolescentes em algum tipo de esporte pode, portanto, ser uma decisão difícil. Mesmo as crianças que apresentam algum tipo de patologia ou doença crônica podem participar de muitos esportes. Ainda assim, a classificação de apta ou inapta para um determinado tipo de esporte deve ser uma decisão da equipe de profissionais de saúde, incluindo, principalmente, o médico e o professor de educação física. O treinamento de força em crianças e adolescentes não envolve, necessariamente, o uso de cargas máximas ou próximas das máximas; portanto, o risco de lesões, devido ao levantamento de pesos, pode não ser tão grande quanto se acredita.[10] No levantamento de peso ou nos levantamentos básicos, o objetivo é levantar o peso máximo para uma determinada repetição. Conseqüentemente, o treinamento para estes esportes requer o levantamento de cargas máximas ou próximas das máximas.

A maioria das crianças se beneficiaria com os programas de treinamento de força de forma adequada e com orientação apropriada, pois poderia ajudar na melhora do seu condicionamento físico e desempenho nos esportes ou mesmo para redução da probabilidade de lesões durante atividades esportivas ou recreativas. Porém, alguns autores não conseguiram a comprovação de que o treinamento de força pode prevenir lesões musculoesqueléticas em pré-adolescentes e adolescentes. Vinte e cinco por cento dos pacientes observados em um ambulatório de medicina primária nos EUA são portadores de problemas musculoesqueléticos, muitos provenientes de treinamentos sem orientação adequada.[17] Certamente essas lesões foram decorrentes de má orientação de um profissional despreparado.

Paradoxalmente, muitas das atividades esportivas competitivas realizadas pelas crianças possuem maior risco de lesão do que o treinamento de força. Os benefícios de um programa de treinamento de força adequadamente planejado e supervisionado mostram-se superiores aos riscos.[9] Um programa de treinamento de força em crianças não deve se centrar em levantamento de cargas máximas ou próximas das máximas. Além disso, a técnica correta deve ser sempre exercitada, pois muitas lesões que ocorrem na prática de exercícios de força são conseqüência de técnicas não adequadas de exercícios. As principais lesões possíveis sofridas por crianças e adolescentes submetidos a treinamento de força são:[10]

Lesões aguda

Lesões de Cartilagem de Crescimento. Os ossos longos crescem em comprimento a partir das placas epifisárias, um dos locais que contém cartilagem de crescimento em suas extremidades. Devido às mudanças hormonais, essas placas se solidificam a partir da puberdade e, após este período, os ossos longos param de crescer. Uma lesão nesta cartilagem provoca o cessamento do crescimento e menor estatura na idade adulta.

Nas epífises também encontramos cartilagem de crescimento e qualquer dano nesta região pode produzir uma superfície articular irregular e, como conseqüência, dor durante o movimento articular. A cartilagem de crescimento também é encontrada nas inserções apofisárias ou nos tendões de inserção que asseguram uma conexão sólida entre o tendão e o osso. Uma lesão nessa cartilagem pode provocar dor e possibilidade de separação entre tendão e osso. Durante o estirão de crescimento da puberdade, as três localizações das cartilagens de crescimento são mais suscetíveis a lesões por treinamento de força.

Distensão muscular

A distensão muscular representa o maior risco de lesão aguda em adolescentes levantadores de peso. O aquecimento correto antes do início dos exercícios pode minimizar este tipo de lesão. Várias séries de exercícios leves devem ser realizadas antes da sessão verdadeira.

Fraturas nas placas epifisárias

A placa não totalmente solidificada é mais sensível às fraturas, já que sua resistência é menor do que a do osso consolidado. A causa mais comum deste tipo de lesão é o levantamento de pesos sobre a cabeça com cargas próximas da máxima.

Fraturas ósseas

Provavelmente uma falha na espessura cortical do osso, por deficiência na mineralização necessária para o crescimento linear do mesmo, é a maior responsável pela incidência de fraturas em crianças. Seu pico está em meninos entre 12 e 14 anos e meninas entre 10 a 13 anos.

Problemas lombares

Repetições em excesso com cargas máximas ou próximas da máxima são freqüentes em crianças, assim como em adultos, e provocam problemas lombares. Nos exercícios de agachamento, as crianças devem ser orientadas para manter a coluna ereta, usando as pernas tanto quanto possível.

Lesões crônicas

As lesões crônicas são aquelas provocadas por microtraumatismos repetidos, dor anterior na tíbia e fraturas de estresse, devido ao esforço excessivo. Assim, uma técnica incorreta no supino pode levar a lesões de esforço repetitivo no ombro.[9]

Lesões crônicas por esforço repetitivo podem acontecer nas cartilagens de crescimento. Por exemplo, os microtraumatismos de repetição no ombro, durante a prática de beisebol, podem lesar a placa epifisária do úmero. Nas lordoses, os microtraumatismos de repetição podem causar fratura por compressão da vértebra, com conseqüente dor. Os "problemas nas costas" com o treinamento de força podem ser minimizados com exercícios de fortalecimento dos músculos abdominais e da musculatura do dorso. A carga usada nos exercícios de alongamento, na região lombar, deve ser de intensidade leve a moderada.[9]

O treinamento de força mal orientado, ou sem orientação, pode realmente ser causador de lesões. Nos EUA, de 1991 a 1996, houve uma estimativa de 20.000 lesões provocadas por treinamento de força.[4,5,15] A coluna lombar foi a região mais freqüente de ocorrência. Programas de treinamento de força bem orientados parecem não provocar alterações no crescimento linear, como se acreditava,[5] e nem mesmo afetar a saúde cardiovascular. Além disso, a atividade física, por si só, aumenta a força muscular, a densidade óssea e, conseqüentemente, diminui a suscetibilidade a lesões.[17]

PRESCRIÇÃO DO TREINAMENTO

É certo que crianças podem aumentar a força e a massa muscular como resultado da participação em um programa de treinamento de força, mas o programa de exercícios mais eficiente, em relação ao número de repetições, permanece indefinido.[18] Um programa de treinamento de força pode incluir pesos livres, pesos em máquinas, tubos de elástico ou mesmo o próprio peso corporal.[7]

Três leis básicas, especialmente para os jovens, devem ser obedecidas num bom programa de treinamento de força:[19]

Desenvolver flexibilidade das articulações

A maioria dos exercícios de treinamento de força, sobretudo aqueles que empregam pesos livres, realiza toda a amplitude de movimento da articulação, principalmente joelhos, quadris e cotovelos. Se estes exercícios forem incluídos no treinamento de crianças, a carga deve ser muito pequena para evitar distensões. Portanto, desenvolver flexibilidade durante as fases de pré-puberdade e puberdade precisa ser uma preocupação geral, como estratégia de prevenção de lesões.

Desenvolver força dos tendões antes de força muscular

A melhora da força muscular sempre é mais rápida do que a melhora da capacidade dos tendões de suportar tensões e do que o aumento da resistência dos ligamentos, que preservam a integridade dos ossos envolvidos nas articulações. O treinamento de força vigoroso, sem adaptação adequada de tendões e ligamentos, pode resultar em lesões de inserções musculares (tendões) e de articulações (ligamentos). Tendões e ligamentos podem ser submetidos ao treinamento, fazendo que seu aumento (em diâmetro) eleve sua capacidade de suportar tensão e laceração.

Desenvolver força central antes de força dos membros

Embora seja verdade que pernas e braços são os responsáveis pela realização de todas as atividades esportivas, o tronco é o elo de ligação entre eles. Portanto, programas de treinamento de força, em longo prazo, não devem se preocupar apenas com braços e pernas, mas também em incluir a musculatura abdominal, lombar e da coluna espinhal. Na pré-puberdade e puberdade, os exercícios devem começar a partir da região central do corpo e trabalhar em direção às extremidades. Antes de iniciar um programa de treinamento de força para crianças e adolescentes, algumas perguntas devem ser respondidas:[10]

• A criança está fisicamente preparada para o treinamento? Já passou por uma avaliação médica anterior? A criança está preparada psicologicamente para o treinamento? Que programa de treinamento específico a criança vai seguir? A criança entende a técnica correta de cada exercício? O professor entende os procedimentos de segurança de cada equipamento? A criança entende os procedimentos de segurança de cada equipamento?

• O equipamento se ajusta adequadamente à criança? A criança participa de outras atividades cardiovasculares, além do treinamento de força?

Um programa básico para crianças e adolescentes não precisa de mais do que 20 a 60 minutos por sessão, três vezes por semana.[10] Com o passar do tempo, programas mais completos podem ser desenvolvidos.[9] A Academia Americana de Pediatria, por meio do Comitê de Medicina Desportiva, recomenda que o treinamento de força de crianças e adolescentes se inicie com exercícios de baixa resistência até a técnica apropriada ser aprendida. Quando 8 a 15 repetições estiverem sendo alcançadas, pode-se adicionar pesos em incrementos pequenos.[4,5] Recomenda-se, também, que os exercícios utilizem todos os grupos musculares e sejam realizados na amplitude total dos movimentos de cada articulação. Para haver ganho de força, o tempo de duração dos exercícios deve ser de, pelo menos, 20 a 30 minutos, duas a três vezes por semana, com aumento das repetições e pesos até o aumento da força muscular. Não há benefícios adicionais tão significativos no treinamento de força com freqüência maior que quatro vezes por semana.[9] Se o objetivo é o benefício da saúde em longo prazo, o treinamento de força deve associar-se a um programa de treinamento aeróbio.

IDADES	CONSIDERAÇÕES
5 a 7 anos	Exercícios básicos com pouco ou nenhum peso, exercícios com peso do corpo, exercícios com parceiros, cargas leves, mantendo-se o volume baixo.
8 a 10 anos	Aumento do número de exercícios. Aumento gradual de cargas, mantendo exercícios simples e aumento lento do volume. Monitoração da tolerância ao estresse do exercícios.
11 a 13 anos	Ensinamento das técnicas. Aumento gradual do peso. Introdução de exercícios mais avançados com pouca ou nenhuma carga.
14 a 15 anos	Exercícios de força mais avançados. Enfatização da técnica. Aumento do volume.
16 anos em diante	Nível inicial de programas para adultos.

Tabela 5.1: mostra uma progressão do programa para crianças de 5 a 18 anos.[10]

As recomendações finais da Academia Americana de Pediatra para o treinamento de força em crianças e adolescentes são:[4]

    a.   antes de iniciar um programa de treinamento de força, a criança ou adolescente deve, obrigatoriamente, passar por uma avaliação pediátrica;

    b.   o treinamento aeróbio deve estar associado ao programa de treinamento de força;

c. o programa de treinamento de força deve incluir um aquecimento prévio e uma volta à calma posteriormente;

d. os exercícios devem sempre ser iniciados sem peso até que sejam aprendidos. Aos poucos, haverá a introdução e aumento dos pesos;

e. o peso somente deve ser aumentado depois de se conseguir de 8 a 15 repetições com facilidade;

f. os exercícios devem beneficiar todos os grupos musculares e as amplitudes dos movimentos articulares devem ser completas;

g. qualquer sinal de lesão ou doença deve ser avaliado antes do prosseguimento do exercício em questão.

Não se deve enfatizar a importância da criança em superar sua capacidade de tolerar o estresse do exercício. A comunicação entre o professor e a criança deve ser importante e o *feedback* é fundamental. Os preparadores devem usar o bom senso e providenciar variações de exercícios, períodos de recuperação ativos e descanso do treinamento. Nem sempre mais significa melhor. As crianças precisam desenvolver o condicionamento cardiovascular, a flexibilidade e as capacidades motoras, além da força.

Lembre-se, a criança também precisa brincar. Por isso os programas não devem ser muito longos. O programa deve ser planejado levando-se em consideração as necessidades de cada criança. As técnicas dos exercícios devem ser bem explicadas e as normas de segurança, rigorosamente respeitadas.[9]

O planejamento do programa de condicionamento total deve satisfazer as necessidades globais de todas as crianças,[10] ou seja:

a. envolvimento de todos os componentes do condicionamento físico;
b. escolha equilibrada de exercícios para parte superior e inferior;
c. escolha equilibrada de exercícios para os dois lados das articulações;
d. uso de exercícios estruturais para partes específicas do corpo.

É muito importante que o professor esteja atento para algumas necessidades de adaptação de alguns equipamentos às características físicas das crianças, como colocação de calços, de almofadas, controle de alturas. Em algumas situações, serão necessárias modificações de exercícios caso haja impossibilidade de adaptação dos equipamentos. Equipamentos mal ajustados podem facilitar a ocorrência de lesões provocadas, por exemplo, por deslizamento de calços dos aparelhos. Outro problema no treinamento de força em crianças é o aumento de cargas. Muitas vezes não existem cargas de pesos intermediários, dificultando a progressão para a criança, sendo necessária a compra de pesos intermediários. Às vezes, há dificuldade da criança em repetir os exercícios, até mesmo com os pesos iniciais; neste caso, o exercício deve ser substituído por exercícios com o peso do próprio corpo, por exemplo, substituição do *leg-press* por agachamento.[9]

CONSIDERAÇÕES FINAIS

O treinamento de força em crianças e adolescentes vem sendo cada vez mais utilizado. Portanto, é de fundamental importância que o professor esteja familiarizado com o treinamento de força nessa faixa etária. Com o aperfeiçoamento dos programas de treinamento de força, há ganho de força, bom desenvolvimento ósseo e prevenção de lesões em outros esportes e atividades. No planejamento de um programa, deve-se levar em consideração as diferenças físicas entre as crianças, seu nível de tolerância ao estresse do exercício e os aspectos de segurança, minimizando chance de lesões e trazendo vários benefícios para as crianças.

REFERÊNCIAS

1. GARRET, W. E.; KIRKENDALL, D. T. Exercise and sport science. *New England J Med* 2000; 342: 1681-1683.

2. GLENDOM, M.; HARRISON, J. L. Physical fitness and activity in schools. *Pediatrics* 2000; 105: 1156-1157.

3. WEINECK, J. *Treinamento ideal*. São Paulo: Manole, 1999.

4. AMERICAN ACADEMY OF PEDIATRICS. Medical conditions affecting sports participation. *Pediatrics* 2001; 107: 1205-1209.

5. AMERICAN ACADEMY OF PEDIATRICS. Strength Training by Children and Adolescents. *Pediatrics* 2001; 107: 1470-1472.

6. ROST, R. Sports medicine aspects in children and adolescents. *Z Arztl Fortbild Qualitatssich* 1998; 92: 85-91.

7. NAUGHTON, G. *et al*. Physiological issues surrounding the performance of adolescent

athletes. *Sportsmedicine* 2000; 30: 309-325.

8. LILLEGARD, W. A. *et al*. Efficacy of strength training in prepubescent to early pospubescent males and females: effects of gender and maturity. *Pediatr Rehabil* 1997; 1: 147-157.

9. ROSA, G.; PEREIRA, M. A .F.; SIMÃO, R.; PERDIGÃO, R. I.; SILVA, U. P. A. Treinamento de força em crianças e adolescentes. *Rev Baiana Educação Física* 2001; 2: 35-44.

10. FLECK, S. J.; KRAEMER, W. J. *Fundamentos do treinamento de força muscular.* Porto Alegre: ArtMed, 1999.

11. GHORAYEB, N. *et al. O exercício.* São Paulo: Atheneu, 2001.

12. Jones, N. L.; Illian, K. J. Exercise limitation in health and disease. *New England J Med* 2000; 343: 632-641.

13. KRAEMER, W. *et all*. Acute hormonal response in elite junior weightlifters. *Int J Sports Med* 1992; 13: 103-109.

14. SIMÃO, R. *Fundamentos fisiológicos para o treinamento de força e potência.* São Paulo: Phorte, 2003.

15. AMERICAN ACADEMY OF PEDIATRICS. Organized Sports for Children and Preadolescents. *Pediatrics* 2001; 107: 1459-1462.

16. JOHNSON, R. Sports medicine in primary care. *New England J Med* 2000; 344: 1025-1027.

17. NORDSTROM, P. et al. Local bone mineral density, muscle strength and exercise in adolescent boys: a comparative study of two groups with different muscle strength and exercise levels. *Calcif Tissue Int* 1996; 58:402-408.

18. FAIGENBAUM, A. et al. The effect of different resistance training protocols on muscular strength and endurance development in children. *Pediatrics* 1999; 104: 1-5.

19. BOMPA, T. O. *Treinamento total para jovens campeões.* São Paulo, Manole: 2002.

6

TREINAMENTO DE FORÇA EM MULHERES

Elizabeth Wallau de Jesus [I]
Silvana E.G. Caovilla [II]
Roberto Simão [I,II]

Estudos epidemiológicos e documentos institucionais propõem que a prática regular de atividade física e uma maior aptidão física estão associadas a uma menor mortalidade e melhor qualidade de vida em população adulta.[1,2] Não são poucos os trabalhos científicos que destacam o sedentarismo e o estresse como responsáveis por doenças hipocinéticas e reduções na qualidade de vida.[3] Existem, cada vez mais, dados mostrando que o exercício, a aptidão e a atividade física estão relacionados à prevenção, à reabilitação de doenças e à qualidade de vida.[4,5]

[I] Programa de Pós-Graduação *Lato Sensu* em Musculação e Treinamento de Força – UGF (Santa Maria - RJ)

[II] Departamento de Educação Física da Universidade Gama Filho – UGF (RJ)

Tais estudos nos levam a acreditar na fundamental importância de se priorizar a atividade física e o treinamento de força em todos os estágios da vida.

Tânia Maria Cordeiro de Azevedo (1988) realizou uma análise de textos, compreendidos no período de 1932 a 1987, que se referiam à mulher e foram publicados em nove periódicos especializados em Educação Física e Desportos. A autora considera que "conceitos como o de fragilidade, passividade, submissão, beleza etc. que compõem o quadro relativo à feminilidade, além de concepções sobre a procriação, são ainda, em sua totalidade, atribuídos à mulher". Além disso, "essa concepção de que a maternidade deve ser preservada a todo custo está substancialmente ligada à teoria social de que a mulher é, antes de tudo, reprodutora e que a maternidade é sagrada".[6]

Um corpo delicado não poderia ser submetido a esforços intensos, como o trabalho de força que era indicado à mulher, sob a pena de tornar a aparência masculina. "Se no homem uma musculatura hipertrofiada é considerada um atrativo sexual, de maneira alguma na mulher pode ser considerada como encanto físico".[7]

TREINAMENTO DE FORÇA FEMININA

É crescente o número de mulheres, atletas ou não, que estão aderindo ao treinamento de força como programa de condicionamento físico e/ou melhora em seu desempenho esportivo. Isso é evidenciado pelo grande número de locais que praticam esse tipo de treinamento, disponíveis também para mulheres, pelo número de atletas colegiais e universitárias que se dedicam a esse treinamento e pela crescente popularidade das provas femininas de fisiculturismo, levantamento de peso olímpico e levantamento de potência.[8]

Os maiores níveis de força muscular são alcançados entre 20 e 30 anos. Posteriormente, é verificada redução tanto na força quanto na massa muscular, que, após a meia idade, é acelerada.[9] Esses efeitos do processo de envelhecimento sobre o sistema neuromuscular são denominados, na literatura internacional, como sarcopenia,[10,11] que pode ser definida como o decréscimo da capacidade neuromuscular a partir do avanço da idade, sendo caracterizada principalmente pela diminuição da quantidade e da habilidade das proteínas contráteis em exercerem tensão necessária para vencer a força externa e a realização de uma tarefa.[12]

A hipertrofia muscular é determinada pelas suas condições genéticas e pelas características da atividade física a qual foi o músculo submetido.[13] Algumas pessoas apresentam boa massa muscular, mesmo com estilo de vida sedentário, explicado por um código genético favorável. No entanto, com o avançar da idade, mesmo essas pessoas irão perder massa muscular por falta de exercícios. Qualquer exercício estimula algum aumento de massa muscular, embora os exercícios resistidos sejam os mais eficientes nesse sentido. Os exercícios com pesos também produzem resultados variáveis em indivíduos diferentes.[8] Em geral, a força muscular total máxima da mulher média é de 63,5% da força do homem médio; a força isométrica da parte superior do corpo das mulheres é de 55,8% da força dos homens; a força isométrica da parte inferior do corpo das mulheres é em média 71,9% da força dos homens.[14]

O tamanho do corpo pode explicar, em parte, as diferenças de força muscular entre os gêneros. Wilmore[15] relatou que 1RM do supino das mulheres é 37% do supino dos homens. Se o supino é expresso relativamente ao peso ou a massa corporal magra, as mulheres são 46% e 55%, respectivamente, tão fortes quanto os homens. A força isométrica máxima das mulheres no movimento de pressão de pernas é de 73% da força dos homens, mas se a força é expressa relativamente ao peso ou a massa corporal magra, as mulheres são 92% e 106% tão fortes quanto os homens. Esses dados indicam que a força muscular da parte superior do corpo das mulheres é menor do que a dos homens, tanto em valores absolutos como relativamente ao peso total do corpo ou a massa corporal magra. Quando a força nas pernas, no entanto, é expressa relativamente ao peso corporal, as diferenças de força entre gêneros são, em grande parte, reduzidas, e quando é expressa relativamente à massa corporal magra, as mulheres na verdade podem ser mais fortes do que os homens.[8]

Estudos demonstram que, na comparação entre homens e mulheres que realizaram programas de treinamento de força idênticos, as mulheres apresentam os mesmos, se não maiores, ganhos de força muscular do que os homens. Isso indica que os programas para mulheres não devem ser diferentes dos programas para homens. Os grupos musculares que precisam ser fortes ou potentes para o êxito num esporte ou atividade específica são os mesmos para ambos os gêneros. O músculo de ambos os sexos tem as mesmas características fisiológicas e, portanto, respondem ao treinamento da mesma maneira.

O treinamento de força, apesar das dúvidas, não hipertrofia os músculos de uma mulher média. O maior aumento em várias medidas de circunferência corporal em mulheres, após 10, 12 ou 20 semanas de treinamento, foi de 0,6, 0,4 e 0,6cm, respectivamente.[15,16,17] Tais aumentos na circunferência são praticamente indefectíveis com um programa de 10 semanas. As circunferências do quadril, coxas e abdômen, na verdade, diminuíram de 0,2 a 0,7cm. Durante três programas diferentes de 12 semanas a circunferência abdominal diminuiu de 0,2 a 1,1cm.[16]

A conclusão de que o treinamento de força em mulheres resulta em nenhuma ou em pequenas alterações nas circunferências do corpo é confirmada por outros estudos.[18]

TREINAMENTO DE FORÇA E DENSIDADE MINERAL ÓSSEA

Nilsson e Westlin[19] examinaram a densidade óssea do membro inferior, em diferentes grupos atléticos, incluindo nove atletas de nível internacional. As densidades ósseas foram maiores em atletas internacionais quando comparadas às de atletas de nível mais baixo, que possuem densidades ósseas maiores que as de atletas sem treinamento. Além disso, foi demonstrado que esportes exigentes de movimentos de alta intensidade, tais como levantamento de pesos e arremessos, tinham densidades ósseas maiores que as exigidas por fundistas e jogadores de futebol. Garret e colaboradores[20] concluíram que, entre oito levantadores de potência, a massa óssea era aumentada na vértebra L3. As atuações de forças compressivas na coluna estavam correlacionadas ao aumento ósseo. Por um período de mais de cinco meses, o treinamento com o próprio peso corporal em mulheres pós-menopausa causou um aumento de 38% no osso radial na posição distal; já o grupo controle sofreu diminuição em sua massa óssea na mesma região em 1,9%. Doze meses de treinamento produziram um aumento significativo na densidade óssea lombar, quando comparada aos controles em mulheres pré-menopausa. Embora esse programa de treinamento de pesos não tenha compressões longitudinais diretas na coluna, os exercícios foram desempenhados, causando contração nos músculos paravertebrais. Lane e colaboradores[21] compararam o treinamento aeróbio (corrida moderada) ao treinamento com pesos em um período de cinco meses. O treinamento com pesos produziu um aumento significativamente melhor na densidade óssea lombar que o grupo aeróbio. A importância da intensidade do exercício e do transporte de peso foi apontada por Martin e colaboradores.[22] Cães da raça Beagle foram exercitados em movimento contínuo (esteira rolante) a 3,3km/h por 75 minutos, cinco dias por semana, durante 71 semanas. Os cães usavam jaquetas de peso, que aumentam em aproximadamente 130% a massa de seus corpos por 23 semanas, mantendo essa constante pelas 48 semanas remanescentes. A taxa de incorporação mineral óssea na tíbia foi aumentada, se comparada aos controles sedentários. Uma pesquisa prévia sem jaquetas de peso não mostrou efeitos na densidade óssea ou taxa de incorporação mineral. O treinamento com pesos, particularmente com um componente de transporte de peso, pode alterar substancialmente a densidade mineral óssea.[13]

ESTÍMULO DA INCORPORAÇÃO MINERAL ÓSSEA

A remodelagem é uma função de fadiga e esforço encontrada pelo osso. A adaptação do osso é modificada por vários fatores, incluindo os nutricionais, os hormonais e o esforço funcional. Tem sido sugerida a existência de um "esforço efetivo mínimo", que é o menor esforço necessário para manter a remodelagem balanceada e preservar o osso em valores relativamente constantes. Entretanto, a magnitude é somente um fator que contribui para o esforço funcional, que é um estímulo para a remodelagem do osso. Os três fatores modificadores do osso são a magnitude do esforço, a taxa de esforço e a distribuição de esforço.[23]

Esforços pequenos não irão contribuir para a efetiva remodelagem óssea, sem consideração da distribuição. Esses fatores podem explicar as mudanças relativamente pequenas no osso associadas ao treinamento aeróbio de baixa intensidade. Além disso, mulheres amenorréicas, com baixa concentração de estrogênio, ao desempenhar treinamento aeróbio, podem experimentar dois problemas: o primeiro é que o treinamento aeróbio pode não ser de intensidade suficiente para efetuar adequadamente a remodelagem óssea; segundo, as baixas concentrações de estrogênio podem reduzir a reabsorção de cálcio.[24]

O treinamento de força pode mais adequadamente satisfazer o critério para a remodelagem óssea. Além disso, a taxa de esforço é muito importante na remodelagem óssea. O exercício designado para aumentar a massa e a densidade ósseas máximas ou prevenir decréscimos, tais como aqueles ocorridos com a idade, deveriam envolver taxas altas de esforço, sendo necessário que sejam de duração relativamente curta. Certos tipos de treinamento de força e potência, como o treinamento de levantamento de pesos no estilo olímpico, que inclui vários movimentos rápidos tão bem quanto exercícios em todo o corpo, podem prover uma alta magnitude de esforço e distribuição variada de esforço, além de taxas altas de esforço.[13]

INFLUÊNCIAS HORMONAIS

O exercício e o treinamento podem causar mudanças marcantes dos hormônios no sangue. Os hormônios anabólicos, incluindo a testosterona e o hormônio do crescimento, podem aumentar como resultado de exercícios (incluindo os de força) de intensidade apropriada. A relação testosterona-cortisol pode refletir o estado anabólico relativo.[18] O treinamento apropriado de força é capaz de aumentar essa relação, induzindo a aumentos de massa magra do corpo, incluindo o tecido conjuntivo. O treinamento excessivo pode reduzir essa relação, assim como afetar outros hormônios, isto é, o estrogênio, que poderia ter um efeito adverso no crescimento e na manutenção do tecido conjuntivo. É de interesse que altos volumes de treinamento de resistência tenham sido associados ao decréscimo da densidade óssea em homens e mulheres.[13]

A testosterona, a insulina, os outros hormônios, os minerais e as vitaminas diretamente relacionados à deposição mineral óssea podem também ser estimulados pelo treinamento de resistência. O número de hormônios e a sensitividade são capazes também de afetar o tecido conjuntivo. Mecanismos endócrinos, tanto autócrinos quanto parácrinos, podem também estar ativos no metabolismo do tecido conjuntivo.[13]

PREVENINDO A OSTEOPOROSE FEMININA NO TRABALHO DE FORÇA

A osteoporose é uma moléstia caracterizada pela diminuição da massa óssea e deterioração da microarquitetura do osso, com conseqüente aumento da fragilidade e riscos de fratura, acentuando-se mais na mulher após a menopausa, decorrente da diminuição dos níveis séricos de estrogênio. A literatura sugere que a manutenção ou o incremento da densidade mineral óssea deve começar cedo. Para isso, recomenda-se a prática de exercício regular desde a infância, com o propósito de atrasar o começo da perda óssea e/ou reduzir o grau de perdas.[25]

Pessoas que, na juventude, não tiveram a oportunidade de realizar atividades físicas mas após essa fase da vida poderão se beneficiar do trabalho físico, irão obter uma melhora na qualidade de vida, evitando a perda óssea que ocorre com a inatividade. Atividades de caráter recreativo e socializante são benéficas. Assim, conseqüentemente, a vida geral tem ganhado com isso.[26, 27] Porém, deve-se ter o cuidado com a intensidade da atividade física que, para cada faixa de idade, deverá ter uma dosagem adequada, respeitando-se o fator individualidade biológica, principalmente na mulher idosa, na qual a degradação de todos os sistemas do organismo acontece de maneira acelerada, dependendo do estilo de vida da mulher. Cuidados simples podem prevenir a osteoporose. Uma dieta com alimentação variada, rica em cálcio, e exposição à luz solar em determinados períodos do dia e atividades físicas moderadas podem ser o tratamento saudável, econômico e natural, principalmente para mulheres que já possuem um histórico familiar de osteoporose. Há uma diversificação de atividades físicas que facilitam o aumento da densidade óssea. Porém, deve-se dar preferência àquelas realizadas sob a ação da gravidade e que também tenham a possibilidade de prevenir outras doenças como as cardiovasculares.[26,27]

O treinamento de força é uma forma de exercício que requer que a movimentação da musculatura corporal (ou esforço para se mover) contra uma força oponente, geralmente oferecida por algum tipo de equipamento. A meta principal dessa forma de trabalho é promover adaptações fisiológicas e morfológicas no músculo.[8] A importância do treinamento de força como uma atividade física com repercussões na prevenção e reabilitação de idosos, em parâmetros funcionais e metabólicos, como sarcopenia, osteoporose, obesidade e controle de peso, capacidade funcional etc., foi reconhecida recentemente por entidades como o American College of Sports Medicine,[1] sendo assim recomendado.

Em 1991, Charette e colaboradores[28] demonstraram que mulheres idosas poderiam se engajar de forma segura em programas de treinamento de força de alta intensidade, envolvendo mais do que dois exercícios e abrangendo outros grupos. Portanto, os benefícios associados à atividade física e ao exercício regular contribuem para um estilo de vida independente e mais saudável, melhorando a capacidade funcional e a qualidade de vida e demonstrando incrementos nos marcadores fisiológicos tradicionais de *performance* e aptidão física (por exemplo, VO_2 máximo, capacidade oxidativa mitocondrial, composição corporal) em pessoas idosas, como também melhora da saúde (redução nos fatores de risco de doenças) e da capacidade funcional.[1]

A AUTONOMIA FÍSICA NAS ATIVIDADES DIÁRIAS COMO BOA INFLUÊNCIA NO ENVELHECIMENTO FEMININO

O envelhecimento é um processo complexo, que envolve muitas variáveis (por exemplo, genética, estilo de vida, doenças crônicas) que interagem entre si e influenciam significativamente o modo em que alcançamos determinada idade. A participação em atividade física regular (exercícios aeróbios e de força) fornece um número de respostas favoráveis que contribuem para o envelhecimento saudável.[29] O treinamento de força ajuda a compensar a redução na massa e força muscular, tipicamente associada ao envelhecimento normal. Benefícios adicionais do exercício regular incluem melhora da saúde óssea, portanto redução no risco de osteoporose, melhora da estabilidade postural, reduzindo assim o risco de quedas, lesões e fraturas associadas e incremento da flexibilidade e amplitude de movimentos.[28]

O sedentarismo prolongado leva a uma diminuição gradativa de todas as qualidades de aptidão física, comprometendo a qualidade de vida. Psicologicamente, a atividade física combate a depressão, atua como catalisador de relacionamento interpessoal, produzindo bem-estar e estimulação da auto-estima, quando se é capaz de superar pequenos desafios. A mulher, ao limitar sua funcionalidade de atividades, permite o aparecimento de doenças patológicas, cujos indicadores são os sintomas e sinais de perda da normalidade psicológica, fisiológica, estrutura anatômica ou função, ficando limitada ao realizar várias atividades motoras (andar, subir escadas) e mecanismos sensoriais (tátil, visão, audição).[30] Uma simples atividade aeróbia pode desencadear uma respiração ofegante, a flexibilidade do tornozelo associada ao equilíbrio pode ser insuficiente para permitir a locomoção,[31] favorecendo o aumento do número de quedas.[32] A capacidade funcional é definida pela capacidade de realizar as atividades da vida diária com independência, incluindo deslocamento, auto-cuidado, sono adequado e atividades ocupacionais e recreativas.[33] A mulher, ao manter um estilo de vida ativa, com exercícios regulares, percebendo as suas habilidades físicas por meio de uma educação consciente, terá um envelhecimento bem sucedido.[32]

    Neste milênio, é importante salientar que tem-se feito esforço para divulgar a atividade física na terceira idade, aumentando a conscientização do papel dela, exercício para o envelhecimento saudável em todos os segmentos da sociedade. Esforços intensivos de profissionais da área são necessários para disseminar o papel da atividade física/exercício como um dos componentes para um envelhecimento bem saudável. Hoje, nas pesquisas, constata-se que o envelhecimento é um processo altamente complexo. No futuro, deverão haver pesquisas multidisciplinares. Na atualidade, já existem grupos de fisiologistas, gerontologistas, bioquímicos, nutricionistas, epidemiologistas, psicólogos e sociólogos que trabalham em conjunto, em um mesmo projeto na área de pesquisa sobre o envelhecimento.[32]

    A variabilidade do declíneo fisiológico funcional na idosa é uma das características mais importantes no processo de envelhecimento, sendo comum encontrar tanto uma idosa capaz de realizar uma maratona, como uma mulher com a mesma idade cronológica com doenças crônicas múltiplas, que vive em condições de morbidade, dependente física de certas atividades motoras.[32] A importância da função muscular na autonomia do idoso reside no fato da força associar-se inegavelmente a uma grande quantidade de atividades cotidianas.

CONSIDERAÇÕES FINAIS

Segundo os textos pesquisados, existem muitas evidências de que a perda mineral óssea é consideravelmente maior em mulheres do que em homens, e com agravamento a partir dos 35 anos de idade.

Com relação ao treinamento de força específico para mulheres, existe uma deficiência de periódicos/indexados e também os estudos a respeito são contraditórios. Porém, os existentes nos levam a crer que não há diferença significativa quanto ao treinamento de força feminino em relação ao masculino e que, se o objetivo for ganho de força ou aumento de massa muscular, a melhor forma de atingi-los é o treinamento com exercícios resistidos que utilizem, inclusive, exercícios de flexibilidade e resistência.

REFERÊNCIAS

1. AMERICAN COLLEGE OF SPORTS MEDICINE (ACSM). *Exercício e atividade física para pessoas idosas Rev Bras Ativ Física Saúde* 1998; 3: 48-78

2. ACSM. *Guidelines for exercise testing and prescription.* Philadelphia: Lippincott Willians & Wilkins, 2000.

3. REJESK, W, J.; BRAWLEY, L. R.; SHUMAKEN, S. A. Physical activity and health related quality of live. *Exerc Sport Science Rev* 1996; 24: 71-108.

4. ARAÚJO, D. S. M. S,.; ARAÚJO, C. G. S. Aptidão física, saúde e qualidade de vida relacionada à saúde em adultos. *Rev Bras Med Esporte* 2000; 6: 94-203.

5. PATÊ, R.R., *et al.* Physical activity and public health – a recommendation from the centers for disease control and prevention and the American College of Sports Medicine. *JAMA* 1995; 273: 402-7.

6. PACHECO, A .J. P. Educação física feminina: uma abordagem de gênero sobre dé-

cadas de 1930 e 1940. *Rev Educação Física/Uem* 1998; 9: 45-52.

7. BALLARINY, H. Porque a mulher não deve praticar o futebol? *Educação Physica* 1940; 49.

8. FLECK, S. J.; KRAMER, W. J. *Fundamentos do treinamento de força muscular.* Porto Alegre: ArtMED, 1999.

9. ANDRADE, E. L, et al. Performance neuromotora em mulheres ativas. *Rev Bras Ativ Física Saúde* 1995;1:5-14.

10. EVANS, W. J. What is sarcopenia? *J Gerontology Biology Scie Med Scie* 1995; 50: 5-8.

11. KRAEMER, W. J, et al. Strength and power training: physiological mechanisms of adaptation. *Exerc sports Scien Rev* 1996; 24: 363-97.

12. RASO, V., et al. Exercícios com pesos para mulheres idosas. *Rev Bras Ativ Física Saúde* 1997; 2: 26-34.

13. SIMÃO, R. *Fundamentos fisiológicos para o treinamento de força e potência.* São Paulo: Phorte, 2003.

14. LAUBACH, L. L. Comparative muscular strength of men and women: a review of the literature. *Aviation, Space Environment Med* 1976; 47: 534-42.

15. WILMORE, J. H. Alterations on strength body composition and anthropometric measurements consequent to a 10- week weight training program. *Med Sci Sports Exerc* 1974; 6: 133-38.

16. BOYER, B. T. A comparison of the effects of three strength training programs on women. *J APPL Sport Sci Res* 1990;4:88-94.

17. STARON, R. S., *et al.* Strength and skeletal muscle adaptations in heavy – resistance – trained women after detraining and retraining. *J APPL Phys* 1991; 70: 631-40.

18. HÄKKINEN, K., *et al.* Serum hormones during prolonged training of neuromuscular performance. *European J APPL Phys* 1985; 53: 287-93.

19. NILSSON, B. E.; WESTLIN, N. E. Bone density in athletes. *Clinical Orthopedics* 1971; 77: 179-82.

20. GARRET, W. E., *et al.* Biomechanical comparison of stimulated a no stimulated

skeletal muscle pulled to failure. *American J Sports Med* 1987; 15: 448 – 54.

21. LANE, N., et. al. Effect of exercise intensity on bone mineral. *Med Sci Sports Exerc* 1988.

22. MARTIN, R. K., et al. Doadcarrying effect on the adult beate tíbia. *Med Sci Sports Exerc* 1981; 13: 343-9.

23. LANYON, L. E. Functional stain in bone tissue as objective and controlling stimulus for adaptive bone modeling. *J Biomechanics* 1987; 2: 1083-93.

24. KOMI, P. V. *Strength and power in sport*. Oxford: Blackwell Science, 1995.

25. COOPER, K. H. *Controlando a osteoporose*. Rio de Janeiro: Nórdica, 1991.

26. MATSUDO, S. M. M. Osteoporose e atividade física. *Revi Bras Ciência Movimento* 1991; 5: 33-60.

27. OURIQUES, E. P.; FERNANDES, J. A. Atividade física na terceira idade: uma forma de prevenir a osteoporose. *Rev Bras Ativ Física Saúde* 1997; 2: 53-59.

28. CHARETE, S. L., *et al.* Muscle hypertrophy response to resistance training in older women. *J APPL Phys* 1991; 70: 1912-16.

29. MATSUDO, S. M. M.; MATSUDO, V. K. R. Atividade física e envelhecimento: aspectos epidemiológicos. *Rev Bras Med Esporte* 2001; 7: 2-13.

30. NAGI, S.. Z. Disability concepts revisited: implication for prevention. Disability in America: toward a national agenda for prevention. *Nat Academy Press* 1991; 309-327.

31. SHEPHARD, R. J. Exercício e envelhecimento. *Rev Bras Ciência Movimento* 1991; 5: 49-56.

32. UENO, L. M. A influência da atividade física na capacidade funcional: envelhecimento. *Rev Bras Ativ Física Saúde* 1999; 4: 57-68

33. WENGER, N. K., *et al.* Assessment of quality of life in clinical trials of cardiovascular therapies. *American J Cardiology* 1984; 54: 908-913.

7

BENEFÍCIOS DO TREINAMENTO DE FORÇA NAS ATIVIDADES DA VIDA DIÁRIA DOS IDOSOS (AVDS)

Eliel Pinheiro [I]
Fábio Rocha [I]
Nicanor Nonato [I]
Pedro Norberto [I]
Ricardo Mendes [I]
Roberto Simão [I,II]

A atual transformação demográfica da população mundial é resultado, em parte, do aumento da expectativa de vida. Há evidências do crescimento do número de indivíduos com idade superior a 60 anos, implicando, portanto, no aumento da população de idosos. Em 2025, o Brasil

---

[I] Programa de Pós-Graduação *Lato Sensu* em Musculação e Treinamento de Força – UGF (Salvador – Bahia))
[II] Departamento de Educação Física da Universidade Gama Filho – UGF (RJ)

- que ocupava o 16º lugar entre os países com pessoas de idade superior a 60 anos em 1950 - estará entre os seis primeiros países com o maior contigente de homens e mulheres com 60 anos ou mais (aproximadamente 16 milhões), antecedido por Japão, Estados Unidos, CEI, Índia e China.

Diante deste fato, tornam-se relevantes os dados fornecidos pela Sociedade Brasileira de Geriatria e Gerontologia (SBGG, 1998), que sugere uma nova classificação das categorias de idade, pois cada grupo etário exige um tipo específico de intervenção terapêutica:

Adulto	22-44
Adulto meia idade	45-64
Idoso-jovem	65-73
Idoso	75-84
Idoso-idoso	85-99
Idoso-velho	> 100

Tabela 7.1

O envelhecimento acarreta uma série de alterações fisiológicas que, progressivamente, diminuem a capacidade funcional dos indivíduos.[1,2] A manutenção ou melhoria desta capacidade é muito importante, pois permite maior independência do idoso na execução das atividades da vida diária (AVDS). Outra conseqüência do processo de envelhecimento é o declínio gradual da capacidade de desempenho muscular, provocando a redução da aptidão funcional e do desempenho físico,[1,2] pois a força está associada à quantidade de atividades cotidianas. Níveis moderados de força são necessários para a realização de atividades profissionais e de lazer. A manutenção da força também envolve aspectos preventivos referentes à instabilidade articular, diminuição de riscos de quedas, osteoporose e manutenção da potência aeróbia.[2] Além disso, há autores que consideram a força muscular um componente importante para auto-estima do idoso.

O envelhecimento da população exige a implementação de algumas ações preventivas e corretoras, pois, com o processo de envelhecimento, o corpo humano sofre várias alterações, produzindo dificuldades no desempenho de tarefas. Diante disso, a prática de atividade física age como uma forma de prevenção e reabilitação da saúde do idoso, fortalecendo os elementos da aptidão física, que estão diretamente associados à independência e à autonomia do idoso, mantendo-o por mais tempo na execução das atividades da vida diária, tantos as físicas como as instrumentais.[1]

ALTERAÇÕES DO SISTEMA MUSCULOESQUELÉTICO

O envelhecimento implica na diminuição da massa muscular (sarcopenia), da força muscular dos indivíduos, da redução da capacidade funcional e do desempenho físico.[1]

O sistema neuromuscular humano atinge a plena maturação entre os 20 e 30 anos de idade. Na faixa dos 30-40 anos, a força máxima permanece estável ou com reduções pouco significativas. Em torno dos 60 anos, observa-se redução da força máxima muscular de 30% a 40%, o que corresponde a uma debilitação da força de, aproximadamente, 6% por década dos 35 aos 50 anos de idade e, a partir daí, 10% por década. Portanto, o decréscimo da força muscular é mais dramático após os 70 anos.[1]

O declínio da força muscular do idoso está diretamente associado à diminuição da massa corporal.[3] Willmore e Costill[3] indicam que as perdas da força muscular relacionadas à idade são resultados, sobretudo, da perda substancial de massa muscular que acompanha o envelhecimento, confirmando a relação entre o enfraquecimento e a redução da massa muscular (sarcopenia). A respeito da redução da massa muscular no envelhecimento, existem resultados conflitantes quanto aos efeitos da idade na composição de fibras de contração rápida e lenta. Sugere-se, porém, que o aumento aparente das fibras de contração lenta poderia ser causado pela diminuição real da quantidade de fibras de contração rápida, resultando em uma maior proporção de fibras de contração lenta. Alguns autores consideram a sarcopenia como proveniente da perda seletiva de fibras musculares do tipo II, devido ao envelhecimento causado pela baixa freqüência da contração muscular vigorosa contra uma resistência. Embora a causa da perda de fibras de contração rápida não esteja ainda determinada, supõe-se que o envelhecimento cause a diminuição da quantidade de motoneurônios das fibras de contração rápida, eliminando a inervação dessas fibras musculares. Provisoriamente, conclui-se que as reduções de força apresentadas por adultos mais velhos são, em parte, causadas por um comprometimento da capacidade de estimular totalmente as unidades motoras sobreviventes.[3]

    A explicação para uma possível relação casual entre o enfraquecimento e a redução da massa muscular sugere que esse processo seja decorrente de fatores como declínio do número de fibras e redução na área de secção transversal, ou ambos os aspectos. Subordinada a estes, os autores também citam uma provável desinervação em função da morte de neurônios motores e uma reinervação subseqüente de um menor número de fibras.[2]

A força estática, especialmente a força de pressão manual (FMP), tem recebido particular atenção dos pesquisadores,[4] que apontam as seguintes vantagens da utilização da FPM como indicador de força nos idosos: a) possibilidade de generalização em relação a outros grupos musculares e a deficientes tarefas motoras; b) relação com a capacidade de aplicar tensão a objetos praticamente imóveis (como os dinamômetros) e de elevar ou empurrar pesos; c) relação com um grande número de atividades cotidianas da vida do idoso, como abrir e fechar torneiras, carregar pacotes, apoiar-se em transportes coletivos etc.; d) similitude a outras baterias de testes, pois quase todas enfatizam os testes de força estática; e) teste pouco agressivo, oferecendo insignificantes riscos de acidentes; f) a força estática representa o tipo de força que o senso comum atribui usualmente ao indivíduo forte.

As pesquisas indicam que aproximadamente 10% da quantidade total de fibras musculares são perdidas, por década, após os 50 anos,[5] explicando a hipotrofia muscular ocorrida no processo de envelhecimento. Afirmam que a hipotrofia muscular – fator explicativo dos decréscimos na massa magra com o envelhecimento – está refletida tanto na queda do tamanho como no número de fibras musculares. Esse número na secção média do vasto lateral de amostras autopsiadas é significativamente menor no homem idoso (70-73 anos), quando comparado ao homem jovem, na faixa etária de 19 a 37 anos de idade.[5]

Outro importante aspecto a ser considerado na redução da massa muscular no envelhecimento é a necessidade protéica, pois a ingestão inadequada de proteína dietética pode ser uma causa importante da sarcopenia, uma vez que a resposta compensatória ao decréscimo de longo período na ingestão de proteína é uma redução na massa corporal magra. Isso ocorre por causa do declínio progressivo do dispêndio energético diário durante a vida adulta.[5] A análise nutricional de indivíduos com idade superior a 65 anos mostra uma ingestão energética muito baixa para os homens (1400 Kcal/dia; 23Kcal/Kg/dia). Esses valores indicam que a preservação da massa muscular e a prevenção da sarcopenia podem ajudar na prevenção do decréscimo na taxa metabólica.[5]

A relação entre o decréscimo da massa muscular e o avanço da idade está bem documentada, porém fortes evidências apontam que a redução na força muscular é um componente importante do envelhecimento normal. De acordo com Wilmore e Costill,[3] força muscular é a quantidade máxima de força que um músculo, ou um grupo muscular, consegue gerar. Alguns autores, citados por Monteiro e colaboradores,[4] afirmam que a importância da função muscular na autonomia e bem-estar do idoso reside no fato da força estar associada à execução das atividades diárias. Assim, a força muscular é um fator importante para a capacidade funcional, pois a fraqueza muscular pode avançar até a pessoa idosa não mais executar suas atividades de rotina.

Sob condições normais, o desenvolvimento de força muscular atinge seu ápice entre os 20 e 30 anos, depois, permanece relativamente estável ou diminui progressivamente durante os anos seguintes. Nas mulheres, essa redução é mais drástica.[5]

Estudos comprovam que a redução da força muscular, variável muito relevante na manutenção da qualidade de vida do idoso, é multifatorial.[5] Entre os fatores causais, destacam-se os seguintes:

• *Sarcopenia* – no processo de envelhecimento, observa-se uma tendência geral de redução na massa muscular. A tomografia computadorizada dos músculos mostra que, após os 30 anos de idade, ocorre redução na área da secção transversal da coxa, diminuição da densidade muscular e aumento da gordura intramuscular.

• *Acúmulo de doenças crônicas* – as doenças impossibilitam o idoso de desempenhar suas funções diárias, prejudicando sua aptidão funcional e, conseqüentemente, a força muscular.

• *Alterações no sistema nervoso* – estudos demonstram que o envelhecimento vem acompanhado por alterações substanciais da capacidade de processamento de informações e de ativação muscular do sistema nervoso. O envelhecimento afeta a aptidão de detecção de estímulos e de processamento de informações para produzir uma resposta efetiva, pois, com o avanço da idade, há debilidade nas junções neuromusculares, ou seja, alterações nas estruturas simpáticas que impedem, ou dificultam, a progressão do impulso nervoso.

• *Alterações hormonais* – pesquisas comprovam que, com o avanço da idade, o sistema endócrino diminui a habilidade de alterar suas concentrações de hormônios anabólicos com o exercício, dificultando algumas adaptações ao treinamento de força.

• *Estado nutricional* – no processo de envelhecimento, ocorre redução da massa muscular e aumento do percentual de gordura corporal, pois a energia consumida supera a energia imediatamente perdida. Estudos mostram que, com um equilíbrio entre uma dieta balanceada e atividade física, os ganhos na força muscular serão garantidos.

- *Atrofia por desuso* – a maioria dos indivíduos, com o avançar da idade, torna-se cada vez mais sedentária, ou seja, deixa de exercitar sua musculatura que, de acordo com a lei do uso e desuso, tende a atrofiar-se, diminuindo assim a massa muscular e provocando a sarcopenia.

Como a sarcopenia e a fragilidade muscular são características quase universais do avanço da idade, estratégias devem ser implementadas para preservar, ou aumentar, a massa e a força muscular em idosos. Logo, um programa de treinamento de força deve ser elaborado. Recentemente, normas de prescrição do treinamento de resistência têm sido estabelecidas para a população idosa, incluindo os grupos de hipertensos e os pacientes com artrite reumatóide e osteoartrite. De acordo com essas recomendações, o treinamento de força deve ser dirigido aos grandes grupos musculares, o que é importante na AVDS, aumentando a capacidade funcional das pessoas idosas e, conseqüentemente, melhorando a qualidade de vida dessa população.

REDUÇÃO DA FLEXIBILIDADE

A flexibilidade é outro aspecto importante na qualidade de vida do idoso pois, no processo natural do envelhecimento, ela é perdida gradualmente e essa perda está associada às dificuldades na execução das AVDS. A flexibilidade é definida como a capacidade de mover uma ou várias articulações, no limite da amplitude de movimento para a realização de tarefas específicas.[1] A amplitude de movimento de uma dada articulação depende, primariamente, da estrutura e da função do osso, músculo e tecido conjuntivo e de outros fatores, como a dor e a capacidade para gerar força muscular suficiente. O envelhecimento afeta a estrutura desses tecidos, assim como a sua função, em termos da amplitude específica do movimento das articulações, e a flexibilidade na *performance* das tarefas motoras é reduzida. A limitação do tecido mole, que pode afetar a flexibilidade, inclui alterações no colágeno – componente primário do tecido conjuntivo fibroso que forma os ligamentos e os tendões –, pois o envelhecimento causa um incremento na cristalinidade das fibras colágenas, aumentando o diâmetro da fibra e reduzindo, assim, a capacidade de extensão.[2] Estudos comprovam que a flexibilidade declina com o avanço da idade, com a amplitude máxima de movimentos ocorrendo entre os 25 e 30 anos para homens e mulheres.[2]

Levando em consideração essa variável neuromotora, uma pesquisa comparou a flexibilidade de mulheres, na faixa etária de 50 a 72 anos, praticantes de ginástica fora da água com a flexibilidade de mulheres praticantes de hidroginástica. Analisando os valores de flexibilidade ativa e estática do movimento de extensão e flexão das articulações do ombro, quadril e joelho, os autores encontraram valores significativamente superiores de flexão de ombro e extensão de quadril nas praticantes de hidroginástica e maior valor de flexão do quadril nas praticantes de ginástica fora da água, sugerindo, portanto, que as atividades físicas realizadas dentro da água estão associadas a um incremento da flexibilidade de algumas articulações.[6]

A articulação do quadril merece atenção especial, pois sua flexibilidade tem sido considerada importante na prevenção de dores na região lombo-sacral da coluna, desvios posturais, lesões musculoesqueléticas e melhora do desempenho das AVDS.[5]

Um programa de treinamento de flexibilidade é definido como um projeto de exercício regular, planejado, considerado e proposto para incrementar, progressivamente, a amplitude utilizável de movimento de uma ou várias articulações. O efeito de um programa de flexibilidade pode ser quantificado por alterações na amplitude de movimento articular e os valores de mobilidade.[6]

Evidências e estudos[6] comprovam que a atividade física é um fator importante na manutenção e no aumento da flexibilidade deste grupo etário. Porém, as atividades aeróbias e de treinamento de força só serão eficientes na melhoria da flexibilidade se forem incluídos, em seu programa de treinamento, exercícios específicos de flexibilidade, caso contrário, essas atividades podem inibir o ângulo de movimento.

REDUÇÃO DA ESTABILIDADE POSTURAL

A estabilidade corporal é um item a ser destacado, pois, com o envelhecimento, ela diminuiu acentuadamente nos últimos 60 anos, assim como a coordenação, a função locomotora, dentre outras. Muitos autores têm apresentado evidências de que a estabilidade postural declina com o avanço da idade.

A estabilidade postural é afetada com o envelhecimento devido a alterações no sistema sensorial e motor, assim como nos sistemas de maior nível, incluindo gânglio basal, cerebelo e sistema propioceptivo, que interpreta e transforma a informação sensorial recebida. Os sistemas somatossensorial, visual e vestibular também sofrem alterações com o envelhecimento, acentuando-se com o avanço da idade, com a possibilidade de, posteriormente, parecer *feed back* reduzido ou inapropriado para os centros de controle postural. Similarmente, os músculos ejetores podem perder a capacidade de resposta apropriada aos distúrbios na estabilidade postural.[3]

O processo de decréscimo da estabilidade postural, inerente ao envelhecimento, pode elevar acentuadamente os acometimentos de queda em pessoas idosas, caso não seja diagnosticado e corretamente tratado.[1] Com ênfase nessa associação, estudos anteriores demonstraram que o risco de quedas é multifatorial e que a estabilidade postural é apenas um componente do perfil do risco total.

Diante da preocupação em preservar a estabilidade postural e, conseqüentemente, evitar as quedas, muitos pesquisadores demonstraram várias medidas de estabilidade postural, que podem ser aperfeiçoadas com um programa de exercício a longo prazo. Isso é comprovado em uma análise em que eles examinaram o papel do exercício em idosos frágeis, cuja conclusão foi um decréscimo nos riscos de queda para um grupo de idosos, indicando o efeito benéfico total do tratamento com exercícios.[1] Em relação à estabilidade postural, é importante notar que muitos estudiosos têm utilizado amplos programas de intervenção, incluindo, tipicamente, treinamento de coordenação e equilíbrio, exercícios aeróbios e treinamento e força, tornando-se difícil descobrir qual o componente do programa de exercício que promove as alterações observadas na estabilidade postural.

Dentre os exercícios mais executados estão o programa de caminhada, considerada uma tarefa de estabilidade dinâmica tanto para a avaliação como para o treinamento e programa de flexibilidade e exercícios de força, que, ao serem praticados "freqüentemente", irão promover alterações positivas na força, tempo de reação e inclinação do corpo sobre superfícies instáveis e rígidas. Ainda que vários estudos tenham examinado os efeitos do exercício sobre a estabilidade postural, somente alguns estudiosos continuaram a examinar o subseqüente efeito sobre a freqüência de quedas na vida diária.

RISCOS DE QUEDA

Como já foi ressaltado, a ocorrência de quedas, devido ao avanço da idade, está intimamente relacionada à estabilidade postural que, por sua vez, tem ligação importante com o equilíbrio estático e dinâmico dos idosos. Equilíbrio estático e dinâmico é a capacidade de manter o centro de massa dentro dos limites de estabilidade determinados pela base de suporte.

O estudo da variável equilíbrio é importante na prevenção de quedas pelos idosos, pois, na maioria dos casos, elas são decorrentes da falta de equilíbrio. Muitos autores têm afirmado que a associação de doenças crônicas cria condições favoráveis para o aumento da vulnerabilidade, tornando os, equilíbrios, estático e dinâmico mais precários e realizando modificações posturais que facilitam as quedas.[1]

A queda, muitas vezes associada à perda de mobilidade, constitui um dos temas principais da geriatria e gerontologia, juntamente com o enfraquecimento intelectual, a má nutrição, a incontinência urinária e os efeitos secundários dos medicamentos mais utilizados pelos idosos. Segundo a OMS, a queda é a conseqüência de qualquer evento que faz o indivíduo cair involuntariamente. Cerca da metade da população de idosos com mais de 80 anos que vivem em uma comunidade, sofrerá, pelo menos, uma queda durante o ano. As quedas enunciam probabilidade de dependência ou comprometimento físico e funcional. Como fatores intrínsecos, correlacionados fortemente à queda, temos: idade avançada (mais de 80 anos), sexo feminino, imobilidade, equilíbrio diminuído, marcha lenta com passos curtos, baixa aptidão física, fraqueza muscular das pernas e braços, além do uso de sedativos, ansiolíticos, hipinóticos e o exagero, em geral, de polifarmácia e acometimento de doenças como Parkinson.

As quedas têm, freqüentemente, conseqüências graves. Portanto, é indispensável o bom entendimento dos seus mecanismos para, então, preveni-las e controlar seus efeitos. No plano fisiopatológico, é necessário distinguir dois tipos de queda: a sincopal, ou seja, aquela associada aos sintomas que a precedem ou a acompanham (um mal estar, uma síncope ou uma paralisia brutal) e a queda mecânica ou acidental, que, mesmo parecendo ser casual, é muitas vezes previsível. Evidências comprovaram a importância e a eficácia de submeter indivíduos idosos aos exercícios direcionados para o aumento do equilíbrio que, conseqüentemente, irão trazer a redução de quedas.[1]

Os resultados de vários experimentos sugerem que os idosos podem melhorar o seu equilíbrio por meio de treinamentos em que são utilizados diferentes estímulos sensoriais. Como o equilíbrio atua diretamente na redução das quedas, dá-se ênfase ao programa de exercício que vise seu aprimoramento. As atividades físicas estão, atualmente, entre as principais estratégias preventivas em Saúde Pública, principalmente por agirem na prevenção de várias doenças crônicas não transmissíveis, como a osteoporose.[1]

Ativar a mobilidade e treinar a força parecem ser exercícios relevantes, dentro de um programa de treinamento de equilíbrio, para as pessoas que ainda não sofreram quedas traumáticas. O primeiro princípio consiste em mobilizar novamente o sistema sensório-motor ou continuar a prática de exercícios, a fim de evitar o círculo vicioso da inatividade física. A mobilização corporal é exercida, em conjunto, com um estímulo proprioceptivo – princípio de relaxamento ativo. É proposta uma progressão de exercícios que levam em consideração os deslocamentos antero-posteriores, laterais e em rotação. Inicialmente, deve-se sublinhar a tomada de consciência das sensações proprioceptivas (superficiais, táteis e profundas, cinestésicas e vestibulares), provocando as sensações e executando movimentos com aberturas antero-posteriores e laterais.

O segundo princípio, baseado no treinamento de força, refere-se, essencialmente, à musculatura e ao conjunto do sistema locomotor. Treinar significa estimular, regenerar, dar impulso. O objetivo é aumentar o tônus muscular, elevando os níveis de força. A diferença é sensível, já que o tônus depende do sistema vegetativo, sendo um fator determinante na postura. O deslocamento (ato de andar) de uma pessoa hipotônica será curvado, enquanto o de uma pessoa hipertônica será rígido. A força contrária depende do sistema voluntário e corresponde à capacidade de contração das fibras, cujo objetivo é a verticalização da postura. Assim, o idoso obtém maior facilidade para executar suas atividades habituais da vida diária.

BENEFÍCIOS DO TREINAMENTO DE FORÇA NAS AVDS

As evidências epidemiológicas apontam que uma meta de prescrição de exercício oferece um benefício não alcançado por qualquer outra modalidade terapêutica quanto à melhora da qualidade de vida do idoso, tornando-o mais autônomo na execução das atividades rotineiras.

Apesar do processo de envelhecimento ser inevitável, a eficiência muscular pode ser mantida por meio de um padrão de atividades diárias. Idosos ativos exibem níveis de força muito mais elevados que os sedentários. A variação de movimentos realizados no dia a dia, bem como sua duração e intensidade, são fatores determinantes da capacidade do sistema musculoesquelético. Convém assinalar que os momentos envolvidos devem ter uma intensidade mínima, promotora de adaptações funcionais.

Um dos benefícios adicionais da prática de exercícios regulares é o aperfeiçoamento da saúde óssea e, portanto, decréscimo no risco de osteoporose, melhora da estabilidade postural – reduzindo assim o risco de quedas e das lesões e fraturas associadas a elas – e incremento da flexibilidade e amplitude de movimento, fatores relevantes na manutenção da capacidade funcional do idoso.[7]

Alguns autores afirmam que um programa ideal de atividade física, para aprimorar a saúde e o bem-estar psicológico dos adultos maduros, consistiria de força, flexibilidade, equilíbrio, coordenação e atividades aeróbias.[2,4] Sabe-se, ainda, que o incremento da força muscular dá-se por meio do treinamento com altas cargas, ou de alta intensidade. Contudo existem relutâncias na aplicação desse princípio no treinamento com indivíduos idosos. Dessa forma, observa-se, na literatura, uma diversidade na metodologia utilizada para avaliar os efeitos de diferentes programas de treinamento no aumento da força muscular desses indivíduos, dificultando uma comparação apurada. Porém, é inegável que o treinamento de força é o mais adequado para melhorar a qualidade de vida, a autonomia e a capacidade funcional do idoso, pois o treinamento ajuda a compensar a redução da massa magra e da força muscular, tipicamente associadas ao envelhecimento natural.[7]

    O acometimento da força muscular no processo de envelhecimento gera preocupação, pois sabe-se que o nível de força necessário para satisfazer as demandas diárias do cotidiano permanece inalterado durante a vida, porém, a força máxima de uma pessoa, geralmente bem acima das demandas diárias no início da vida, diminui de forma constante com o envelhecimento.[3] Por exemplo, a capacidade de mudar da posição sentada para a posição em pé é comprometida em torno dos 50 anos e próximo aos 80 anos essa tarefa torna-se impossível para algumas pessoas. Os adultos mais velhos são tipicamente capazes de participar de atividades físicas que exigem apenas quantidades moderadas de força muscular. Por exemplo, a abertura da tampa de um frasco, que apresenta resistência, é uma tarefa facilmente realizada por 92% dos homens e mulheres na faixa etária de 40 a 60 anos. Porém, depois dos 60 anos, a taxa de fracasso na realização dessa tarefa aumenta para 68%. Entre 71 a 80 anos, somente 32% das pessoas conseguem abrir o frasco.

    Treinamento de força é comumente definido como um treinamento em que a resistência contra a qual um músculo gera força é progressivamente aumentada durante o tempo; isso demonstra que a força muscular incrementa, em resposta do treinamento, entre 60% e 100% de 1RM. A resistência de força é a capacidade de resistência do músculo ou grupos musculares contra o cansaço, com repetidas contrações dos músculos, quer dizer, com trabalho de duração de força. A resistência de força é a capacidade de resistência à fadiga em condições de desempenho prolongado de força, sendo que os critérios para a resistência de força são a intensidade (dada em percentual da força de contração máxima) e o volume do estímulo (soma das repetições), dependendo assim da intensidade desta, do volume do estímulo e da duração do mesmo.[5]

Os maiores benefícios são obtidos em programas que incluem treinamento de força, pois o treinamento de alta intensidade é mais benéfico e seguro do que o de baixa intensidade. Por isso, todos os programas de exercício para o idoso devem incluir treinamento de resistência progressiva dos grandes grupamentos musculares, pois são os mais solicitados na promoção do equilíbrio nas ativida-des da vida diária dos idosos. Entretanto, qualquer tipo de sobrecarga pode, e deve, ser utilizado nos programas de força muscular na população acima de 50 anos, devendo manter a capacidade funcional e a independência. Protocolos de, no mínimo, duas vezes, e, preferencialmente, três vezes por semana são recomendados, com duas ou três séries de cada exercício desempenhado em cada dia de treinamento.[5]

A OMS mostra alguns dados que reforçam a importância do treinamento da resistência de força. De acordo com a OMS, 42% dos idosos possuem alguma limitação funcional e 10%, além da limitação, encontram-se em asilos ou abrigos para idosos. Assim, alterações positivas nos níveis de resistência de força em idosos poderão reduzir tais limitações, contribuindo, desta forma, para a melho-ria da qualidade de vida do idoso. Monteiro e colaboradores[4] compartilham dessa visão, lembrando que os programas de atividade física para idosos devem incluir movimentos que envolvam uma intensidade mínima suficiente para promover adaptações funcionais. Os resultados obtidos por alguns pesquisadores sugerem que os exercícios de resistência muscular podem produzir um aumento significativo na força muscular, potência, hipertrofia e melhora nas habilidades motoras dos indivíduos idosos.[7]

  Estudos apresentam boa resposta da força à prática regular de atividades físicas por indivíduos idosos.[1] Um exemplo a ser mencionado são os resultados obtidos por pesquisadores que observaram melhora pronunciada da força muscular, resistência de força e da mobilidade geral em indivíduos de 86 a 96 anos, após 8 semanas de treinamento, a 80% da sua capacidade máxima.[7] O ganho médio para a extensão de joelho foi de 177%, e não havia atingido um platô ao final do programa. O ganho foi da ordem de 50% da velocidade da marcha. Após o programa, 20% dos participantes foram capazes de abdicar das bengalas que necessitavam para se locomover.

  Dados similares descrevem as alterações da força das pernas nos homens com o envelhecimento. A força de extensão de joelho de homens e mulheres, normalmente ativos, diminui rapidamente após os 45-50 anos. No entanto, o treinamento de força dos músculos extensores do joelho permite que os homens mais velhos apresentem melhor desempenho aos 60 anos do que a maioria dos homens normalmente ativos com a metade dessa idade.[7]

Os benefícios desse treinamento variam amplamente e incluem adaptações psicológicas, metabólicas e funcionais à atividade física, podendo contribuir substancialmente na melhora da qualidade de vida da população idosa. Dentre os benefícios estão minimização das alterações biológicas do envelhecimento, reversão da síndrome do desuso, controle das doenças crônicas, maximização da saúde psicológica, incremento da mobilização e função e assistência à reabilitação das enfermidades agudas e crônicas para muitas das síndromes geriátricas comuns a essa população vulnerável.[7]

Outros efeitos positivos do treinamento de força associado ao treinamento aeróbio são o aumento do HDL – colesterol, redução dos triglicerídeos, redução da pressão arterial, redução da agregação plaquetária e estímulo a fibrinólise, aumento da sensibilidade à insulina, estímulo ao metabolismo do carboidrato, estímulo hormonal e imunológico, redução da gordura corporal devido ao maior gasto calórico, tendência a elevar a taxa metabólica pelo aumento de massa muscular, diminuição das algias oriundas da inativação dos grupos musculares, diminuição da possibilidade de quedas – por facilitar a recuperação postural nas situações de desequilíbrio do corpo, possibilidade da realização de tarefas comuns que exigem força muscular como levantar de cadeiras, subir escadas e deslocar objetos pesados, e diminuição da freqüência cardíaca durante a execução das tarefas da vida diária.[5] Porém, além da redução da força muscular e de uma série de modificações no organismo dos idosos, proveniente do processo de declínio funcional, há uma perda da habilidade do músculo em exercer força rapidamente (desenvolvimento de potência), diminuindo com o avanço da idade. Essa habilidade é vital e pode servir como um mecanismo protetor à queda, uma das maiores causas de lesões, podendo levar à morte e representando um grande problema para a Saúde Pública, pois a capacidade de produzir força rapidamente pode diminuir até mesmo mais do que a força máxima, especialmente em idades avançadas. Estima-se que a capacidade de potência dos membros inferiores pode ser perdida numa proporção de 3,5% por ano, dos 65 anos aos 84 anos.[5]

Atualmente, é de consenso, entre os profissionais da área de saúde, que a atividade física é um fator determinante no sucesso do processo de envelhecimento e nas atividades habituais dos adultos maduros.

Estudos transversais podem subestimar seriamente a magnitude da perda de força com a idade.[5] De fato, os dados mostram uma perda de 2% de força do aperto de mão por ano em pessoas idosas. A perda de força observada, longitudinalmente, num período de 4 anos, foi de 3% ao ano para homens e, aproximadamente, 5% para mulheres.[5]

O envolvimento a longo prazo com treinamento de força parece compensar a magnitude de perda de força e aumentar a capacidade de força absoluta, eletiva em um indivíduo, mas os declínios ocorrem até mesmo em levantadores de pesos. Tem sido demonstrado que a perda de força das extremidades inferiores é maior do que o das superiores. A perda de força muscular é mais dramática após os 70 anos e os ganhos, observados com a resistência de força, refletem fatores mais favoráveis à coordenação e ativação neural.[5]

Pesquisas realizadas em um grupo de idosos de um asilo, com idade entre 72 e 98 anos, conseguiram obter 94% de adesão a um programa de 10 semanas de treinamento de resistência progressiva, sendo fornecido também um suplemento nutricional. A força muscular local aumentou 113% no grupo exercitado. Além disso, houve ganhos associados a medidas menos específicas, como na velocidade da caminhada (11,8%) e na capacidade de subir escadas (18,4%). No entanto, na área de secção transversal do músculo da coxa, houve apenas aumento de 2,7%. Assim, há boas evidências de que, mesmo na velhice extrema, pode-se aplicar programas de exercícios de força. Porém, ainda existem muitas questões que permanecem sem respostas, referentes à eficácia de diferentes formas de exercícios como estratégia de prevenção de quedas em diferentes grupos de idosos.[5] O treinamento de força seria, portanto, importante veículo na qualidade de vida dos idosos, já que favorece a maioria das variáveis indispensáveis em sua vida diária. Sabe-se que grande número de idosos são portadores da doença metabólica e irreversível chamada osteoporose, que pode ser, e muito, atenuada pela prática regular de exercícios físicos, principalmente no que diz respeito ao treinamento de força, pois os efeitos deste, quando realizado de forma intensa, sobre a densidade óssea em indivíduos idosos, pode compensar o declínio típico relacionado à idade na saúde óssea, devido à manutenção, ou incremento, na densidade mineral óssea ou no conteúdo mineral corporal total.[7] Além disso, associado a esse efeito no osso, o treinamento de força também aumenta a massa e força muscular, equilíbrio dinâmico e os níveis totais de atividade física. Todos esses benefícios podem resultar em uma diminuição dos riscos de queda e, conseqüentemente, dos riscos de fratura óssea, pois, contrariamente ao que se pensa, as terapias farmacológicas e nutricionais no tratamento da osteoporose têm a capacidade de manter ou reduzir a densidade óssea, mas não a habilidade em melhorar o equilíbrio, a força e a massa muscular.[7]

O treinamento do equilíbrio pode também ser incorporado como parte do treinamento de força ou modalidade separada. As séries ótimas de exercícios para o aperfeiçoamento do equilíbrio não podem ser definidas com dados científicos até agora, mas, em geral, com posturas progressivamente mais difíceis, que gradualmente induzem a base de apoio (em pé sobre uma perna) a necessitar de movimentos dinâmicos que ativem os centros de gravidade (caminhada em fila, ao redor de um círculo) e o estresse de grupos musculares posturalmente importante, tais como os dorsiflexores (em pé com dificuldade sobre os calcanhares), e reduz outros impulsos sensorias (visão), conforme as teorias aceitas do controle do equilíbrio e adaptação.[7]

CONSIDERAÇÕES FINAIS

A participação dos indivíduos da terceira idade em um programa de exercício regular, baseado no treinamento de força, é uma modalidade de intervenção efetiva e eficaz na redução e prevenção dos declínios funcionais associados ao envelhecimento.

O treinamento de força otimiza a capacidade funcional dos idosos, melhorando a qualidade de vida, visto que compensa na redução da perda de massa e força muscular, tipicamente associados ao envelhecimento natural, tornando os idosos mais autônomos e independentes na execução das AVDS.

REFERÊNCIAS

1. AMERICAN COLLEGE OF SPORTS MEDICINE (ACSM). *Exercício e atividade física para pessoas idosas.* Rev Bras Ativ Física Saúde 1998; 4: 48-68.

2. SIMÃO, R. *Fundamentos fisiológicos para o treinamento de força e potência.* São Paulo: Phorte: 2003.

3. WILMORE, J. H.; COSTILL, D. L. *Fisiologia do exercício.* São Paulo: Manole: 2000.

4. MONTEIRO, W. D.; AMORIN, P. R. S.; FARJALLA, R.; FARINATTI, P. T. V. Força muscular e características morfológicas de mulheres idosas praticantes de um programa de atividades físicas. *Rev Bras Ativ Física Saúde* 1999; 4: 20-28.

5. FLECK, S.; KRAEMER, W. *Fundamentos do treinamento de força muscular.* Porto Alegre Editora ArtMed: 1999.

6. VIVEIROS, L. E.; SIMÃO, R. Treinamento de flexibilidade; uma abordagem metodológica. *Rev Baiana Educação Física* 2001; 2: 20-25.

7. FRONTERA, W. R.; DAWSON, D. M.; SLOVIK, D. M. *Exercício físico e reabilitação.* Porto Alegre: ArtMed: 2001.

8

TREINAMENTO DE FORÇA E REABILITAÇÃO CARDÍACA

Roberto Simão[1]

Embora os programas de exercícios tenham, tradicionalmente, enfatizado exercícios dinâmicos aeróbios de baixa intensidade, pesquisas incrementam e sugerem um treinamento complementar de força que, se apropriadamente prescrito e supervisionado, realiza efeitos na força e resistência muscular, na função cardiovascular, no metabolismo, nos fatores de risco coronarianos e no bem-estar psicossocial. Este capítulo revê o papel do treinamento de força em pessoas com ou sem doenças cardiovasculares, com referências específicas para os benefícios da saúde e

---
[1] Universidade Gama Filho (UGF)

capacidade física, o papel complementar do esforço, considerações fisiológicas relevantes, e proteção. São também fornecidos critérios de participação e princípios de prescrição de exercícios de força.

BENEFÍCIOS DO TREINAMENTO DE FORÇA

Embora o treinamento de força seja aceito, há muito tempo, como um meio de desenvolvimento e manutenção da força muscular, resistência e aptidão, além de propiciar aumento e manutenção da massa muscular,[1] suas relações benéficas com fatores de saúde e doenças crônicas só foram reconhecidas recentemente,[2] Anteriormente a década de 1990, mencionava-se que o treinamento de força não fazia parte das recomendações de treinamento e reabilitação da American Heart Association. Em 1990, o American College of Sports Medicine reconheceu, primeiramente, que o treinamento de força era um componente significativo para os programas de aptidão e saúde de adultos de todas as idades.[3]

Ambos, exercícios aeróbios e treinamento de força, podem promover benefícios substanciais na capacidade física e nos fatores relacionados com a saúde.[2] Embora ambas as modalidades de treinamento resultem em benefícios, em muitas e variadas listas, as ponderações estimadas mostram diferenças substanciais.

Treinamento aeróbio influencia mais no desenvolvimento $VO_{2\,máx.}$ estando associado a variáveis cardiopulmonares e sendo mais efetivo na melhora de fatores de risco associados ao desenvolvimento de distúrbios de coronárias. O treinamento de força oferece grande desenvolvimento da força muscular, resistência e hipertofia. Também ajuda na manutenção da taxa metabólica basal, promove independência funcional e previne quedas dos idosos.[4] O treinamento de força é particularmente benéfico para melhorar o desempenho da maioria dos cardíacos, pacientes frágeis e idosos, beneficiando-os substancialmente com exercícios na parte superior e inferior do corpo.

Embora os mecanismos de aperfeiçoamento sejam diferentes, exercício aeróbio e treinamento de força mostram efeitos similares na densidade óssea (sendo o de força o mais significante), tolerância à glicose e sensibilidade à insulina.[2] Para o controle de peso, o exercício aeróbio é considerado fundamental no maior gasto energético, enquanto o treinamento de força atua como coadjuvante no gasto calórico por meio do incremento na massa magra. Assim, exercícios de treinamento de força são fortemente recomendados como implementação em programas de prevenção de distúrbios cardiovasculares primários e secundários.[2]

Muitos pacientes cardíacos e pessoas de meia idade desenvolveram doenças crônicas que podem ser favoravelmente afetadas pelo treinamento de força. Além disso, o treinamento de força pode ser benéfico na prevenção e gerenciamento de outras condições crônicas como, por exemplo, dores lombares, osteoporose, obesidade e controle de peso, sarcopenia, *diabetes mellitus*, tendência a quedas e a piora da função física em pessoas frágeis e idosas, sendo favorável na prevenção e reabilitação de danos ortopédicos.[2] Conseqüentemente, muitos profissionais e associações governamentais de saúde aconselham a inclusão do treinamento de força em suas recomendações.

PRINCÍPIOS PARA O TREINAMENTO DE FORÇA

Os princípios para suportar o treinamento de força como um aditivo para o condicionamento de um adulto ou exercício com base num programa de reabilitação cardíaca origina-se de severas linhas de evidência científica. Treinamento com alta ou moderada intensidade de força, executado em 2 a 3 dias por semana, durante 3 a 6 meses, produz um aumento da força muscular e da resistência em homens e mulheres de todas as idades de 25 a 100%, dependendo do estímulo ao treinamento e do nível inicial de condicionamento.[5] Mais adiante, muitas tarefas ocupacionais ou de lazer requerem esforços estáticos ou dinâmicos que envolvem mais os braços do que as pernas. Como a pressão, que se opõe aos exercícios de força, é geralmente proporcional à porcentagem da contração máxima (% MVC), é favorável que o aumento da massa muscular envolvida pelo esforço muscular resulte numa redução da freqüência cardíaca (FC) e pressão arterial (PA), responsável por qualquer carga dada, pois a carga agora representa baixa porcentagem de MVC.[6]

O treinamento de força aumenta a resistência muscular com modesto desenvolvimento no $VO_{2máx}$. Nos sujeitos estudados,[6] embora o $VO_{2máx}$, durante o teste ergométrico, permanecesse essencialmente imutável após 10 semanas de treinamento de força intenso, o tempo submáximo de resistência até a exaustão aumentou como no ciclismo (47%) e na corrida (12%). Similarmente, Ades e colaboradores[7] escreveram que, em 12 semanas de treinamento intenso, o tempo de caminhada submáxima aumentou em 38%. Essas descobertas sugerem que a melhora na resistência não é uma função somente do exercício aeróbio, mas pode ser significativamente aumentada pelo incremento da força muscular, principalmente em indivíduos destreinados.

FLEXIBILIDADE E O SEU PAPEL

Em contraste com o treinamento de força, a flexibilidade como atividade isolada não aumenta a densidade muscular nem promove ganhos de força significativos. No entanto, poderá ser incorporada a todos os regimes de treinamento para melhorar o condicionamento físico. Consideráveis evidências sugerem que os exercícios de alongamento aumentam a flexibilidade dos tendões, melhoram a função e os movimentos das articulações e ajudam na *performance* muscular.[8] Além disso, estudos de observação defendem o papel dos exercícios de alongamento balístico (movimento), estático (pequeno ou nenhum movimento) ou modificações técnicas de facilitação neuromuscular propioceptiva (FNP), na prevenção e no tratamento de lesões músculoesqueléticas.[9] Esses exercícios provocam uma melhora transitória no comprimento dos músculos e tendões, resultando num relaxamento. Exercícios aeróbios e/ou treinamento de força devem ser complementados por um programa de exercícios de alongamento dos maiores grupos musculares, no mínimo, 2 a 3 dias por semana.

CONSIDERAÇÕES FISIOLÓGICAS

A resposta fisiológica para o exercício aeróbio é o aumento no consumo de oxigênio, que varia com a intensidade da atividade imposta e o aumento do volume no exercício. Há um aumento progressivo na pressão arterial sistólica (PAS), com manutenção ou ligeira queda na pressão diastólica (PAD) e um concomitante aumento da FC. O sangue é desviado das vísceras para o músculo esquelético ativo, onde fomentou a extração de oxigênio, aumentando a diferença entre o sangue arterial e o sangue venoso. Assim, o exercício aeróbio impõe, primeiramente, uma sobrecarga no miocárdio.

    Um exercício isométrico envolve a contração sustentada do músculo contra uma carga imóvel de resistência, sem mudança no comprimento do grupo de músculos envolvidos ou do movimento da articulação. A FC e a PA no exercício isométrico são amplamente proporcionais à tensão relativa exercida na grande tensão possível do grupo de músculos (% MVC) em vez da tensão absoluta desenvolvida. O resultado é um moderado aumento no débito cardíaco (DC), com pouco ou nenhum aumento do metabolismo. A respeito do aumento no DC, o fluxo de sangue nos músculos não solicitados possue aumento insignificante, provavelmente por causa do reflexo vasoconstritor. A combinação da vasoconstrição e aumento do DC causa um aumento desproporcional na PA média, sistólica e diastólica. Assim, uma significante pressão de carga é imposta ao coração, presumidamente, para aumentar a *performance* na ativação do músculo esquelético.

    Embora o exercício isométrico, ou a combinação de isométrico e dinâmico, tenha desencorajado pacientes com problemas coronários, está provado que o exercício de força (por exemplo levantamento de peso de 8/12 repetições por série) é menos arriscado do que se pode presumir, particularmente em pacientes com bom preparo aeróbio e normal ou função sistólica ventricular esquerda quase normal. Exercícios isométricos, especialmente com baixa porcentagem de MVC, geralmente falham perante angina pectoris e isquemia ST, selecionadas entre pacientes cardíacos.[10] A medida da PA é menor durante os exercícios isométricos máximos e dinâmicos de força do que durante exercícios aeróbios máximos, primeiramente por causa do baixo pico da FC. Um aumento da perfusão sangüínea do miocárdio ocorre durante os exercícios de força devido ao aumento da PAD e diminuição do retorno venoso, sendo estes fatores de contribuição para a baixa incidência de isquemia durante o esforço nos exercícios de força.

SEGURANÇA NO TREINAMENTO DE FORÇA

A segurança nos treinamentos e testes de força em pacientes com alto e moderado risco cardíaco requer estudos. Entretanto, numerosas investigações em adultos saudáveis e pacientes com baixo risco cardíaco revelaram poucas complicações ortopédicas e nenhum evento cardiovascular depois de determinado o peso máximo usado para completar uma repetição máxima (1RM). Dentre 6653 pessoas saudáveis, com idades entre 20 e 69 anos, que se submeteram previamente a um exame médico e a um pesado teste de força, todos apresentaram a PA, em repouso, igual ou menor que 160/90 mmHg. A segurança do treinamento de força em pacientes com hipertensão média já está bem estudada.[11] Além disso, Haslam e colaboradores[12] encontraram pressões intra-arteriais durante levantamento de peso, em pacientes cardíacos, que podem ser clinicamente aceitáveis se estiverem entre 40 e 60% de 1RM.

Recentemente, a aplicação de testes de força ou treinamento na reabilitação de pacientes com doenças de coronárias, em 12 diferentes estudos, foi revista.[13] O treinamento com pesos em circuito está sendo adotado em regimes de condicionamento físico para pessoas com doenças coronarianas que já tenham passado por treinamento aeróbio, geralmente por três meses ou mais. Os exercícios envolvendo a *performance* da parte superior e inferior do corpo em alternância, com cargas relativamente suaves (40 a 60% de 1RM), com um pequeno descanso entre as séries (15 a 30 segundos), são considerados seguros e eficientes. A duração do programa e da intensidade do treinamento de força está em torno de 30 a 60 minutos, 6 a 26 semanas e 25 a 80% de 1RM, respectivamente. Todos os estudos mencionam melhoras na força e resistência muscular, com incremento similar nas intensidades de treinamento de força (80% de 1RM) e resistência (30 a 40% de 1RM). A ausência de sintomas de angina, isquemia ST, hemodinâmica anormal, disritmias complexas ventriculares e complicações cardiovasculares sugere que treinamento ou testes de força são seguros para indivíduos com doenças coronarianas, clinicamente estável, que tenham participado ativamente de um programa de reabilitação. Infelizmente, dados similares em mulheres são falhos.

    Embora parâmetros tenham sugerido, em participações convencionais, que pacientes de cirurgias e pós-infarto do miocárdio devam evitar treinamento de força por 4 a 6 meses,[14] muitos homens podem obter uma *performance* segura em atividades estáticas e dinâmicas, três semanas após um agudo infarto do miocárdio.[14] Assim, é possível o imediato início do treinamento de força, se for prescrito um programa com cargas leves.

CRITÉRIO DE PARTICIPAÇÃO E INSTRUÇÃO PRELIMINAR

Contra-indicações ao treinamento de força são similares àquelas utilizadas em componentes aeróbios em programas de exercícios para cardíacos. Muitos estudos prévios de treinamento de força, envolvendo baixo risco, em pacientes com doenças coronárias, com 70 anos de idade ou menos, capacidade aeróbia normal ou próxima da normal e função ventricular esquerda normal, são comuns na literatura. Esses critérios para participação em um programa de exercícios com pesos pode ser efetivamente extrapolada para outras populações de pacientes coronarianos (por exemplo pacientes idosos com baixa capacidade aeróbia e pacientes com grave disfunção no ventrículo esquerdo).[13] Conseqüentemente, esses grupos de pacientes podem requerer avaliações mais cuidadosas e monitoramento inicial.

Contra-indicações ao treinamento de força incluem angina instável, hipertensão incontrolável (PAS>160 mmHg ou PAD>100 mmHg), disritmias incontroláveis e história recente de falha congestiva do coração que não foi avaliada e efetivamente tratada, grave estenose ou doença valvular regurgitante e cardiomiopatia hipertrófica.[15] Por isso, pacientes com isquemia do miocárdio ou função pobre do ventrículo esquerdo podem desenvolver anormalidades ou arritmias ventriculares sérias durante os exercícios de força,[16] devendo realizar exercícios para melhorar o desempenho do ventrículo esquerdo e aumentar a capacidade cardiorrespiratória (> 5 ou 6 equivalentes metabólicos) sem sintomas de angina. Tem sido sugerido, como pré-requisito adicional para participação em programas de treinamento de força tradicionais, a utilização de medicação indicada por clínicos.[15]

Pacientes com baixo a moderado risco cardíaco que desejam iniciar um leve a moderado treinamento de força, podem, talvez, começar com participação em um programa aeróbio tradicional de, no mínimo, 2 a 4 semanas. Nesses grupos, são incluídos pacientes submetidos a angioplastia das coronárias.[15] Embora faltem dados científicos que endossem essa recomendação, esse período de tempo permite boa observação do paciente numa sessão supervisionada, além de permitir adaptações cardiorrespiratórias e musculoesqueléticas que podem reduzir a potencial ocorrência de complicações.

Uma orientação preliminar poderá estabelecer cargas de peso apropriadas e instruir o participante a usar técnicas de levantamento para cada exercício e respiração correta, para evitar esforço violento e manobra Valsalva. Como as medidas de PAS obtidas pelo método comum, imediatamente após o exercício de força, podem mascarar muitas respostas fisiológicas, as medições não são normalmente recomendadas.[17]

PRESCRIÇÃO DE EXERCÍCIOS PARA O TREINAMENTO DE FORÇA

Pesquisas recentes e roteiros de exercício recomendam a inclusão de exercícios de força para as pessoas de todas as idades e muitos pacientes com doenças crônicas, inclusive cardiovasculares.[15] Programas que incluem uma simples série de 8 a 10 diferentes exercícios que treinam a maioria dos grupos musculares, em 2 ou 3 dias por semana, poderão proporcionar adaptações favoráveis e melhorias ou manutenção das capacidades físicas. Embora uma maior freqüência de treinamento e mais séries possam ser feitas, os ganhos adicionais entre os adultos de um programa de condicionamento, objetivando saúde, são geralmente pequenos.[18] Para alcançar um aumento equilibrado na força e resistência, é recomendável de 8 a 12 repetições para participantes saudáveis com menos de 60 anos e 10 a 15 repetições para aqueles com baixa resistência e para pacientes cardíacos e participantes saudáveis com mais de 50 anos.[8] O incremento nas repetições com um esforço relativamente baixo para idosos ou pacientas mais frágeis é designado para a prevenção de contusões. A simples e grande causa das lesões musculoesqueléticas no treinamento de força é a existência de uma lesão prévia. Esforços de alta intensidade também (poucas repetições com cargas muito pesadas) podem causar efeitos nas articulações de indivíduos destreinados.

Os princípios do treinamento de força são similares para todos os grupos, mas sua aplicação pode ser diferente de acordo com os indivíduos, metas, idades e a presença de doenças crônicas.[5] Usualmente, idosos, indivíduos mais frágeis e pacientes cardíacos iniciam com baixo esforço, progredindo vagarosamente e podendo estabelecer o limite quando atingirem um ponto de fadiga, isto é, submáximo *versus* máximo esforço até atingir a fadiga.[15] Embora um esforço ou qualquer tipo de sobrepeso forneça um estímulo ao melhoramento, a alta intensidade dá um enorme resultado.[5] Portanto, o próprio peso corporal pode ser adaptado para muitos participantes. A vantagem dos pesos graduados e das máquinas de pesos é que elas fornecem resistência, facilitando o acompanhamento da progressão do treinamento. As máquinas, também, são mais seguras do que pesos avulsos para participantes de meia idade e idosos, por causa dos problemas associados à visão fraca, equilíbrio, dor nas costas e riscos de queda dos pesos.[8] Para pacientes que possuem dores nas articulações, desconforto ou amplitude de movimento limitado, as máquinas podem ser reguladas para um melhor desempenho. Isso permite aos pacientes exercitarem-se sem dor e ainda obterem um significativo efeito do treinamento. Contudo, o desempenho em pesos livres não deve ser descartado em hipótese alguma, devido a uma melhora do equilíbrio e fortalecimento da musculatura sinergista, indispensáveis nas atividades físicas diárias.

PRESCRIÇÃO PARA PACIENTES SEM DOENÇAS CARDIOVASCULARES

Como a "falta de tempo" é a maior razão para não se exercitar ou esquivar-se de um regime de exercícios, o planejamento de um programa com tempo eficiente é imperativo. Aproximadamente 75% dos programas ocorrem em três dias da semana, e programas de treinamento de força podem ocorrer em dois dias da semana. Além disso, uma simples série de exercícios que atinja a fadiga, com cargas de peso correspondendo, aproximadamente, a 50% mais ou menos 10% de 1RM, pode ser considerada tão efetiva quanto um programa de múltiplas séries prescrito para um adulto.[15] Assim, um programa de treinamento de força compreensivo, de 8 a 10 exercícios, pode ser completado em 20 a 30 minutos. Os participantes de um programa de treinamento de força podem começar com o mínimo de dois dias por semana e mais tarde passar para três dias por semana.

A resistência inicial ou pesos podem ser séries moderadas, com um nível que permita ao participante completar as repetições propostas com um confortável nível de carga. A ênfase, nesse estágio precoce de treinamento, é permitir a adaptação do conjunto musculoesquelético e praticar boa técnica, reduzindo assim o potencial de lesão muscular e distensão.[8] Cada repetição de exercício pode incluir e seguir um lento movimento controlado (2 a 4 segundos na concêntrica e excêntrica), uma total inspiração e expiração e sem manobra de Valsalva.

Quando o participante conseguir levantar confortavelmente o peso com 12 a 15 repetições, o esforço pode ser aumentado na próxima sessão de treinamento. Se o participante não puder completar o mínimo de repetições (8 a 10) usando boa técnica, o peso deverá ser reduzido. Muitos participantes estarão habilitados a encontrar o próprio número de repetições e adaptá-lo ao limite, ou próximo do limite, de fadiga durante 3 a 4 semanas. Como o nível de fadiga (intensidade) é um fator importante para otimizar os benefícios e a *performance* dos exercícios de força, presume-se que o alto nível de fadiga não esteja associado a um incremento arriscado que provoque eventos cardiovasculares em adultos saudáveis ou em pacientes com baixo risco cardíaco. É recomendado que os exercícios de força fiquem aquém ou próximos dos níveis de fadiga.[5,8]

PRESCRIÇÃO PARA PACIENTES COM DOENÇAS CARDIOVASCULARES

Pacientes cardíacos requerem um mínimo de exercícios de força para executar atividades associadas à vida diária. Infelizmente, muitos pacientes carentes de força física evitam executar essas tarefas. Para a maioria dos pacientes cardíacos, bastaria exercícios gerais que envolvessem grandes grupamentos musculares. Pacientes operados que experimentaram mudanças severas ou severas complicações pós-operatórias não poderão fazer esses exercícios. Todavia, podem ocorrer avarias nos ossos do peito que possuem um papel levemente significante. Essa área não pode receber exercícios, pois aderências podem se desenvolver, e a musculatura ficar debilitada e enfraquecida.[15]

Atividades de flexibilidade podem ser executadas depois de 24 ou 48 horas após infarto do miocárdio. Os pacientes são atendidos apenas um dia após a operação, podendo executar 10 a 15 repetições, com baixa percepção de esforço. Os exercícios usados em um programa típico para esses pacientes incluem flexão dos ombros, abdução e rotação interna e externa, flexão dos cotovelos, flexão dos quadris, abdução e rotação interna e externa, flexão plantar e dorsal e inversão e eversão do tornozelo. O treinamento de força de baixo nível (por exemplo, uso de extensores elásticos, pesos bem leves e polias) não deve ser feito antes de 2 a 3 semanas após o infarto.[15] É recomendável que, no começo, os exercícios de força utilizem halteres ou pesos bem leves. O programa consiste de 8 a 10 exercícios, em 2 ou 3 dias por semana, com uma série de 10 a 15 repetições para fadiga moderada. Os pacientes podem acrescentar pesos após 1 a 3 semanas, dependendo dos sinais ou sintomas de adaptação ao treinamento. Uma vez que o paciente complete a convalescença ou estágio de recuperação, usualmente de 4 a 6 semanas após o evento, podem ser incluídos halteres ou máquinas de pesos. Pacientes submetidos à cirurgia devem evitar exercícios de treinamento de força que causem tração ao esterno, após três meses da cirurgia. Além disso, o esterno deverá ter a estabilidade avaliada por um experiente profissional de saúde antes do treinamento de força ser iniciado por qualquer paciente ou a qualquer tempo, caso apareçam sintomas de desconforto peitoral. Com a clareza apropriada, o paciente selecionado pode ingressar em programas que foram prescritos para idosos saudáveis. O paciente poderá iniciar com pesos leves e fazer uma série de 10 a 15 repetições até a fadiga moderada. O peso é aumentado lentamente quando o paciente se adaptar ao programa. Embora sejam recomendadas 10 a 15 repetições para todos os pacientes, aqueles com risco moderado poderão exercitar-se com menos repetições, enquanto os de baixo risco podem progredir até próximo da fadiga, após 4 a 6 semanas de adaptação.[9] Entretanto, deve ser enfatizado que a prescrição do treinamento de força para pacientes com doenças cardiovasculares pode ser ligeiramente diferente, dependendo do grau da disfunção no ventrículo esquerdo, concomitantemente com outras condições (por exemplo, hipertensão ou diabetes) e associado às limitações neurológicas, vasculares e ortopédicas.

CONSIDERAÇÕES FINAIS

Muitos pacientes cardíacos têm pouca força física e nenhuma disposição para fazer as atividades diárias. Um treinamento suave ou moderado pode fornecer um método efetivo para aumentar a força e resistência musculares, prevenindo e conduzindo a uma variedade crônica de condições médicas, modificando os fatores de risco coronariano e acentuando o bem-estar psicossocial. O treinamento com pesos serve também para atenuar a pressão produzida quando qualquer peso é levantado.[6] Assim, o treinamento de força pode diminuir a demanda do miocárdio durante as atividades diárias, como carregar compras de supermercado ou levantar objetos moderados ou pesados. Embora a segurança do exercício de força em pessoas saudáveis e homens com baixo risco de doenças cardiovasculares esteja bem estabelecida, deve-se prever uma proteção preliminar apropriada, sendo importante estabelecer parâmetros e supervisionar cuidadosamente. A extensão com que a segurança e a efetivação do treinamento de força podem ser extrapoladas para outra população de pacientes cardíacos (por exemplo, idosos com baixo condicionamento aeróbio e paciente com severas disfunções do miocárdio) permanece nebulosa. O treinamento de força nesses últimos grupos pode ser considerada, se o potencial de benefícios recebidos de cada paciente treinado mostrar ser particularmente vantajoso. Seja como for, o paciente pode proceder, em cada treinamento, com cautela e monitoramento dos sintomas ou sinais adversos da situação cardiovascular, FC e PA, o que é bom para evitar lesões musculoesqueléticas. Devido à falta de dados de avaliação, a rotina de aplicação do treinamento de força em pacientes de moderado e alto risco cardíaco não pode ser recomendada atualmente com afirmação contundente e requer estudos adicionais. Por causa de complicações em longo prazo, os exercícios baseados em programas de reabilitação cardíaca ainda são considerados um desafio. O treinamento de força pode fornecer os meios de manter o interesse e incrementar a diversidade. Todavia, ele pode servir como um complemento, de preferência para aqueles que participam de programas de exercícios aeróbios.

REFERÊNCIAS

1. ATHA, J. Strengthening muscle. *Exerc Sport Sci Review* 1981; 9: 1-73.

2. POLLOCK, M. L.; VINCENT, K. R. Resistance training for health. *The President's Council Physl Fitness Sports Res Digest* 1996.

3. AMERICAN COLLEGE OF SPORTS MEDICINE. The recommended quantity and quality of exercise for developing and maintaining cardio-respiratory and muscular fitness in healthy adults. *Med Sci Sports Exerc* 1990; 22: 265-274.

4. PRATLEY, R.; NICKLAS, B.; RUBIM, M.; MILLER, J.; SMITH, M.; HURLEY, B.; GOLDBERG, A. A strength training increases resting metabolic rate and norepinephrine levels in healthy 50 to 60 years old men. *J APPL Physiol* 1994; 76:113-137.

5. FLECK, S. L.; KRAEMER, W. J. *Fundamentos do treinamento de força Muscular.* Porto Alegre: ArtMed, 1999.

6. MCCARTNEY, N.; MCKELVIE, R. S.; MARTIN, J.; SALE, D. G.; MACDOUGALL, J. D.

Weight-training-induced attenuation of the circulatory response of older males to weight lifting. *J APPL Physiol* 1993; 74:1056-1060.

7. ADES, P. A.; ALLOR, D. L.; ASHIKAGA, T.; UTTON, J. L.; NAIR, K. S. Weight training improves walking endurance in healthy eldery persons. *Ann Intern Med* 1996; 124: 568-572.

8. AMERICAN COLLEGE OF SPORTS MEDICINE. The recommended quantity and quality of exercise for developing and maintaining cardio-respiratory and muscular fitness and flexibility in healthy adults. *Med Sci Sports Exerc* 1998; 30: 975-991.

9. HILYER, J. C.; BROWN, K. C.; SIRLES, A. T.; PEOPLES, L. A flexibility intervention to reduce the incidence and severity of joint injuries among municipal firefighters. *J Occup Med* 1990; 32: 631-637.

10. DEBUSK, R. F.; VALDEZ, R.; HOUSTON, N.; HASKELL, W. cardiovascular responses to dynamic and static effort soon after myocardial infarction: application to occupational work assessment. *Circulation* 1978; 65: 314-317.

11. HARRIS, K. A.; HOLLY, R. G. Physiological response to circuit weight training in boderline hypertensive subjects. Med Scie Sports Exerc 1987; 19: 246-252.

12. HASLAM, D. R.; MCCARTNEY, S. N.; MCKELVIE, R. S.; MACDOUGALL, J. D. Direct measurement of arterial blood pressure during formal weightlifting in cardiac patients. *J Cardiopulm Rehabil* 1988; 8: 213-225.

13. WENGER, N. K.; FROELICHER, E. S.; SMITH, L. K.; ADES, P. A.; BERRA, K.; BLUMENTHAL, J. A. *et al.* Cardiac rehabilitation as secondary prevention. *AHCPR,* 1995.

14. SPARLING, P. B.; CANTWELL, J. D.; DOLAM, C. M.; NIEDERMAN, R. K. Strength training in a cardiac rehabilitation program: a six month follow-up. *Arch Phys Med Rehabil* 1990; 71: 148-152.

15. POLLOCK, M. L.; FRANKLIN, B. A.; BALADY, G. J.; BERNARD, L.; FLEG, J. L.; FLETCHER, B. *et al.* Resistance exercise in individuals with and without cardiovascular disease. *Circulation* 2000; 101: 828-833.

16. EFFRON, M. B. Effects of resistive training on left ventricular function. *Med Sci Sports Exerc* 1989; 21: 542-545.

17. WICEK, E. M.; MCCARTNEY, N.; MCKELVIE, R. S. Comparison of direct and indirect measures of systemic arterial pressure during weight lifting in coronary artery disease. *Am J Cardiol* 1990; 66 :1065-1069.

18. FEIGENBAUM, M. S.; POLLOCK, M. L. Strength training: rationale for current guidelines for adult fitness program. *Phys Sports Med* 1997; 25: 44-64.

9

BENEFÍCIOS DO TREINAMENTO DE FORÇA NAS ADAPTAÇÕES CARDIOVASCULARES

Alex Souto Maior Alves [I]
Marcus Vinicius dos Santos [I]
Fernando Rozembhaum [I]
Renato Saes Garcia [I]
Talita Samarino [I]
Roberto Simão [I,II]

O corpo humano apresenta-se em estado de repouso e exercício, porém, na maior parte do tempo, a intensidade desse exercício é baixa ou similar ao repouso, podendo chegar a níveis bem elevados. Em to-

[I] Programa de Pós-Graduação *Lato Sensu* em Musculação e Treinamento de Força – UGF (RJ)
[II] Departamento de Educação Física da Universidade Gama Filho – UGF (RJ)

das essas situações, mecanismos fisiológicos são acionados para preservar a homeostase. Em muitas etapas, esses mecanismos não se encontram completamente caracterizados. No entanto, com o conhecimento atual, já é possível estabelecer algumas bases importantes para um melhor aproveitamento do exercício físico como instrumento de saúde. Dessa maneira, torna-se importante a apresentação de alguns conceitos, dentre eles os efeitos fisiológicos causados pelo exercício físico.

Os efeitos fisiológicos podem ser classificados como efeito agudo imediato, tardio e crônico.

Segundo o I Consenso Nacional de Reabilitação Cardiovascular,[1] os efeitos agudos, também conhecidos como respostas, são aqueles que acontecem em associação direta com a sessão de exercícios. Os efeitos agudos imediatos ocorrem no período pré e pós-imediato do exercício físico, como, por exemplo, o aumento da freqüência cardíaca e sudorese associada ao esforço. Os efeitos agudos tardios são observados ao longo das primeiras 24 horas após a realização de uma sessão de exercício. É observada uma discreta redução dos níveis tensionais e o aumento do número de receptores de insulina nas membranas das células musculares. Os efeitos crônicos, também denominados adaptações, são aqueles que resultam da exposição freqüente e regular às sessões de exercícios, representando os aspectos morfofuncionais que diferenciam um indivíduo fisicamente treinado de um outro sedentário. Como exemplos de efeitos crônicos temos hipertrofia muscular e aumento do consumo máximo de oxigênio.

Segundo Fleck e Kraemer,[2] os estudos têm se concentrado nas respostas agudas da pressão arterial (PA), freqüência cardíaca (FC), volume sistólico (VS) e débito cardíaco (DC) durante as fases concêntricas e excêntricas de um exercício. Oferecendo suporte à afirmativa acima, Farinatti e Assis[3] acrescentam que alguns dados são utilizados para controlar a atividade física segundo sua intensidade, volume e freqüência, objetivando o controle de segurança. São usados parâmetros como a FC e PA, mas nem sempre esses dados isolados garantem essa segurança, lançando mão, então, de um parâmetro não muito utilizado na prescrição de exercício: o duplo produto (DP).

FREQÜÊNCIA CARDÍACA E TREINAMENTO DE FORÇA

A FC aumenta proporcionalmente ao aumento da intensidade do exercício e reflete o quanto de trabalho o coração deve exercer para abastecer o aumento da demanda do corpo quando iniciada a atividade física.[4] Ainda segundo Wilmore e Costill,[4] a FC de repouso gira em torno de 60 a 80 bpm. Em pessoas de meia idade, não condicionadas e sedentárias, a FC de repouso pode exceder 100 bpm. Para atletas, o nível da FC de repouso gira em torno de 28 a 40 bpm.

Segundo Fleck e Kraemer[2], a FC aumenta substancialmente durante o treinamento dinâmico de força. Essa afirmação foi evidenciada em estudo realizado por Farinatti e Assis,[3] onde indivíduos de ambos os sexos submetidos a testes de 1RM, 6RM, 20RM, em cadeira extensora, e aeróbio, tiveram aumento gradativo de FC em relação ao repouso – 1RM < 6RM < 20RM < aeróbio. Em repouso, seu valor médio foi de 75 bpm; em 1RM ficou em 97 bpm; em 6RM e 20RM em torno de 107 bpm e 133 bpm, respectivamente; e no exercício aeróbio obtiveram os valores médios, para 5, 10, 15 e 20 minuto, de 154, 167, 169 e 170 bpm, respectivamente.

O aumento da FC pode ser grande, chegando a níveis de 170 bpm. Esse resultado foi obtido em exercícios de *leg press*, com as duas pernas simultaneamente em 95% de 1RM durante uma série, até a falha concêntrica voluntária na qual foi realizada uma manobra de Valsalva.[5] Segundo Fleck e Dean,[6] as respostas da FC são substanciais mesmo quando é feita uma tentativa para limitar a execução de uma manobra de Valsalva. As respostas de pico de FC normalmente ocorrem durante as últimas repetições de uma série e são mais altas durante as séries com cargas submáximas até a falha voluntária devido ao seu alto volume associado à intensidade. Em contraposição, séries curtas e intensas promovem uma menor elevação da FC, sendo o mesmo relacionado a PA.

PRESSÃO ARTERIAL

Wilmore e Costill[4] definem PA como a pressão exercida pelo sangue nas paredes dos vasos sangüíneos. A PA é definida por dois valores distintos: a PA distólica (PAD) e a PA sistólica (PAS). O valor mais alto é o da sistólica, e representa a mais alta pressão na artéria, correspondendo à sístole ventricular do coração. O menor valor refere-se à pressão diastólica e representa a reação das paredes arteriais sobre o sangue, correspondendo à diástole ventricular do coração.

A respeito do comportamento da PA nos exercícios de força, Fleck e Kraemer[2] sugerem que seu comportamento seja semelhante ao da FC. McDougall[5] relata o registro de pressão 320/250 mmHg em exercícios de *leg press*, utilizando-se as duas pernas simultaneamente em 95%

de 1RM durante uma série até a falha concêntrica voluntária, na presença de manobra de Valsalva. Igualmente à FC, a PA tem seu maior valor nas últimas repetições de uma série até a falha concêntrica voluntária. Em estudos, Farinatti e Assis[3] demostraram que a PAS apresentou um aumento significativo nos exercícios de 20 RM e aeróbio, em relação ao repouso. A PAD, em geral, independente do tipo de atividade, permaneceu relativamente constante em todas as situações.

VOLUME SISTÓLICO E DÉBITO CARDÍACO

A literatura demonstra que ambos respeitam algumas relações, sendo mais interessante abordá-las juntas do que falar sobre cada uma separadamente. No VS, só há aumento significativo, em relação aos valores de repouso, durante a fase excêntrica do movimento, sem considerações na fase concêntrica. No DC, esse aumento é significativo na fase concêntrica e excêntrica quando se trata de grandes massas musculares. Esse aumento é maior na fase excêntrica, sem elevações significativas na fase concêntrica.[2] O DC, ao progredir do repouso para o exercício, sofre um rápido aumento, seguido por uma elevação gradual, até alcançar um platô.

DUPLO-PRODUTO

A captação de oxigênio pelo miocárdio é determinada por interações entre vários fatores mecânicos. Entre esses fatores, os mais importantes são o desenvolvimento de tensão dentro do miocárdio e sua contratilidade. A FC sofre aumento em cada um desses fatores durante o exercício, sendo o fluxo sangüíneo do miocárdio ajustado de forma a equilibrar o suprimento com a demanda de oxigênio. Uma estimativa usada comumente da carga de trabalho do miocárdio e da resultante captação de oxigênio utiliza o produto da PAS máxima pela FC. Esse índice de trabalho é denominado de duplo-produto. Sua fórmula então é **DP=PAS x FC**.

O DP pode assumir valores típicos, que variam de 6.000 em repouso (FC=50 bpm, PAS=120 mmhg) a 40.000 (FC=200 bpm e PAS=200 mmhg), dependendo da intensidade e da modalidade do exercício. Segundo Araújo,[7] o DP apresenta uma correlação de 0,88 com o consumo de oxigênio do miocárdio, sendo, portanto, o seu melhor preditor indireto. Ao mostrar a importância da relação do DP com o exercício, podemos dizer que, tanto no treino de resistência quanto no exercício de força realizado com os braços, as respostas da FC e da PA são muito maiores do que durante o exercício rítmico com as extremidades inferiores, quando comparados com o mesmo volume e intensidade.[8] Esse maior trabalho do miocárdio pode impor um risco desnecessário às pessoas, com suprimento comprometido de oxigênio ao miocárdio (coronariopatas). Alguns artigos mostram que o DP nos exercícios com pesos costumam ser baixos, mostrando, também, que caminhar rápido em plano levemente inclinado produz maior sobrecarga cardiovascular do que o treinamento com pesos, utilizando 75% da carga máxima.[8]

A segurança cardiovascular está na intensidade da atividade e sua associação com os valores apresentados para o DP. Então, podemos deduzir que a realização de exercícios aeróbios seria mais leve e menos perigosa. Tanaka e Shindo[9] mostram que exercícios de baixa intensidade provocam as adaptações necessárias e benefícios, com valores para DP muito baixos, não oferecendo grande risco ao indivíduo. Neste estudo, Tanaka e Shindo[9] utilizaram um treinamento físico a 50% do volume de oxigênio máximo por 60 minutos, durante 3 a 5 vezes por semana, por 30 sessões. Assim, podemos observar que os exercícios aeróbios oferecem segurança quando relacionados a baixas intensidades e ao controle de variáveis como o DP.

Em relação às populações especiais, relata-se que coronariopatas, sem qualquer sinal de isquemia em treinamentos com peso a 80% da carga máxima, apresentaram sinais ou sintomas em teste ergométrico submáximo em esteira. A explicação apresentada é que a FC mais baixa no treinamento com pesos levou a uma menor demanda de oxigênio e que a PAD, ligeiramente mais alta, levou a uma maior oferta de sangue ao miocárdio. Dessa forma, essas reações permitem que os exercícios com pesos sejam utilizados por pacientes com disfunção coronariana e disfunção contrátil ou distúrbios do ritmo cardíaco. Farinatti e Assis[3] confirmam as explicações acima através de um estudo na importância do DP, na prescrição de atividade física. Segundo os autores, por meio de análises estatísticas há uma tendência ao aumento progressivo do DP à medida que aumenta a duração das contrações localizadas. Isso pode ser mostrado no exemplo abaixo:

DP em repouso = 9131,7
DP 1RM = 12708,8
DP 6 RM = 14662
DP 20 RM = 20997,2
DP aeróbio 5, 10, 15, 20 min, respectivamente = 26706,2; 31249,7; 31740,1; 31811,9.

Diante desses valores, podemos dizer que, para exercícios de força envolvendo altas cargas de trabalho e poucas repetições, foi solicitado menor trabalho cardíaco para suprir a demanda exigida pelo corpo durante a atividade do que nos exercícios de força envolvendo baixas cargas com elevado número de repetições e exercício aeróbio.

ADAPTAÇÕES CARDIOVASCULARES AO TREINAMENTO DE FORÇA

Durante anos, especulava-se a eficiência do treinamento de força para a fisiologia cardíaca. A partir da década de 1980, através de uma grande quantidade de pesquisas científicas, comprovou-se a sua verdadeira eficácia nas adaptações cardiovasculares. O treinamento de força tende a induzir o aumento da massa muscular, a redução da gordura corporal, o aumento da massa óssea, da vascularização das artérias, entre outros benefícios.[10] No treinamento de força, podem participar populações extremamente debilitadas, apresentando recomendações positivas, e para aqueles pacientes de baixo risco, que apresentam a função ventricular esquerda preservada.[11]

Em relação à fisiologia cardíaca, nos exercícios de força ocorrem contrações e relaxamentos intermitentes da massa muscular solicitada, favorecendo o aporte sangüíneo e o retorno venoso, além de estimularem o aprimoramento da função contrátil do miocárdio. Assim, apresenta-se a seguinte relação da FC, PAS, PAD e DP, segundo Farinatti e Assis:[3]

A FC apresentou valores:
1 RM = 97 bpm.
6 RM = 107 bpm.
20 RM = 133 bpm.

Em relação a PAS:
1RM = 131 mmHg.
6 RM = 137mmHg.
20 RM = 158 mmHg.

Em relação a PAD:
1 RM = 72 mmHg.
6 RM = 78 mmHg.
20 RM = 82 mmHg.

Nos resultados do DP:
1RM = 12709.
6 RM = 14663.
20 RM = 20997.

A partir da relação aplicada acima, conclui-se que a PAS em exercícios de força, envolvendo cargas altas, representa menor esforço cardiovascular para bombear o sangue do que em exercícios envolvendo muitas repetições. Seguindo essa mesma linha de pesquisa, também foi demonstrado que não existe muita diferença na resposta de PA, quando comparadas atividades semelhantes, onde foram registrados aumentos paralelos na PA média para cada tipo de exercício, sendo mais acentuado para a extensão de joelhos do que para o *handgrip*, pois os exercícios envolvem grandes grupos musculares e a percentagem relativa da capacidade máxima na qual a estimulação está sendo feita, observando assim aumentos não significativos da PA.[11] Em relação à FC e PAS, acrescenta-se que tanto a FC quanto a PAS tendem a ser maiores em exercícios de força envolvendo cargas menores e muitas repetições.[10]

O comportamento de PAD apresentou uma tendência à variação pouco importante durante a prática de exercícios físicos, não contrariando o que geralmente apresenta a literatura. Os resultados do DP apresentam que a sobrecarga imposta ao miocárdio tende a depender mais do tempo do exercício (número de repetições) do que da carga em si.[3] Santarém[12] destaca que caminhar em esteira ligeiramente inclinada induz a um maior estresse cardiocirculatório do que o treinamento com pesos para hipertrofia, com 80% da carga máxima. Indo ao encontro do relato citado, a PAS e FC são mais altas durante séries elevadas até a falha concêntrica voluntária em, aproximadamente, 70% a 85% de 1RM, do que durante repetições em 100% de 1RM.[5,6]

Através da revisão literária, constata-se que as adaptações cardiovasculares em repouso ao treinamento de força apresentam FC, PAS, PAD e DP sem alterações significativas. As seguintes adaptações cardiovasculares são citadas na tabela abaixo:

ADAPTAÇÕES CARDIOVASCULARES

Freqüência Cardíaca	- ou sem mudança
Pressão Arterial	- ou sem mudança
Sistólica	- ou sem mudança
Diastólica	
Duplo Produto	+ ou sem mudança
Volume Sistólico	+ ou sem mudança
Débito Cardíaco	+ ou sem mudança
Pico de VO_2 máximo	

- = diminuída   + = aumentada

Tabela 9.1 – Adaptações cardiovasculares

No ponto de vista da saúde cardiovascular, qualquer tipo de atividade física é útil desde que compatível com os níveis de aptidão. De acordo com o I Consenso Nacional de Reabilitação Cardiovascular,[1] o impacto do treinamento físico, associado à mudança de estilo de vida, reduz a mortalidade cardíaca em 20 a 35%, sendo que existem grupos subdivididos, de acordo com os fatores de risco, que apresentam as seguintes classes:

Classe A - constituída de indivíduos sem risco para execução de exercícios, compreendendo os indivíduos aparentemente saudáveis.

Classe B - formada de indivíduos de baixo risco para exercícios, compreendendo pacientes com cardiopatia de evolução estável ou teste de esforço normal.

Classe C – composta por indivíduos de moderado a alto risco para exercícios ou incapacidade de automonitorização, compreendendo pacientes com cardiopatia de evolução estável ou teste de esforço anormal.

Classe D - constituída de indivíduos de risco habitualmente proibitivo ao exercício, compreendendo os pacientes com cardiopatia de evolução instável e restrição da atividade física.

Descrito no I Consenso Nacional de Reabilitação Cardiovascular,[1] o referido treinamento de força torna-se um grande aliado das populações portadoras de doenças cardíacas, observando-se as seguintes alterações: redução da FC em taxas submáximos, diminuição da PA em taxas submáximos, redução do consumo de oxigênio pelo miocárdio, avaliado pelo DP, aumento do VS e aprimoramento das funções sistólicas e diastólicas.

De acordo com as revisões relatadas, a partir de pesquisas recentes, Pontes[13] acrescenta as seguintes adaptações cardiovasculares:

- hipertrofia do miocárdio;
- aumento da fração de ejeção no repouso e durante o exercício;
- aumento da contratilidade do miocárdio;
- diminuição do DC submáximos e aumento no exercício máximo;
- diminuição da pós-carga;
- aumento do diâmetro das artérias epicárdicas;
- aumento do fluxo sangüíneo coronariano.

A partir de estudos e pesquisas científicas,[10] foi comprovado que o treinamento de força é um grande contribuidor na prevenção de formação de placas de colesterol (placas de ateroma) nas paredes das artérias (aterosclerose). Nelas, é possível observar a precipitação de sais de cálcio com o colesterol e outros lipídios das placas de ateroma, resultando numa maior rigidez das artérias, obrigando o ventrículo esquerdo a um maior esforço de ejeção sistólica e promovendo a sua dilatação e hipertrofia para a manutenção de força propulsora do sangue restante do sistema aórtico.[11] Além disso, Guyton e Hall[14] explicam que, nos locais em que as placas fazem protusão no fluxo sangüíneo, o caráter áspero de suas superfícies provoca a formação de coágulos sangüíneos, com conseqüente desenvolvimento de trombos, bloqueando todo o fluxo de sangue na artéria e ocasionando derrames e infarto do miocárdio, sendo também que, pelo esforço de ejeção sistólica citado acima, ocorre o aumento da PAS.

Além de todos os malefícios acima destacados, Santarém[12] afirma que as placas de ateroma diminuem o fluxo sangüíneo para diversos órgãos e, em situações de aumento de demanda por oxigênio, podem precipitar em um infarto. Os exercícios de força contribuem para a diminuição de triglicérides no sangue e também das lipoproteínas nocivas (LDL) e aumentam os níveis das lipoproteínas benéficas (HDL). Wilmore e Costill[4] observaram alterações da concentração sérica de lipídeos, que refletiam em uma diminuição da relação colesterol nocivo-LDL durante os exercícios de força, diminuindo assim a formação de placas de ateroma e apresentando os benefícios já citados anteriormente. Devido a essa colocação, Pontes[13] apresenta as seguintes adaptações metabólicas:

- diminuição dos níveis de catecolaminas plasmáticas circulantes;
- retardamento da progressão de aterosclerose;
- melhora do perfil lipídico (relação HDL/LDL, diminuição de triglicérides e colesterol);
- diminuição da agregação plaquetaria e aumento da fibrinólise;
- diminuição da adiposidade;
- aumento da diferença arteriovenosa de oxigênio.

Durante a abordagem dos benefícios do treinamento físico, foi destacado que o sedentarismo é contribuidor e agravador de doenças cardiovasculares, podendo ser considerado como fator de risco. Quando comparados aos companheiros mais condicionados, os indivíduos sedentários com PA normal possuem um risco de 20 a 50% maior de desenvolverem hipertensão. De acordo com o I Consenso Nacional de Reabilitação Cardiovascular,[1] os benefícios do treinamento físico, avaliados entre os anos de 1975 e 1995, tem evidenciado redução na mortalidade em 20 a 30% da população.

CONSIDERAÇÕES FINAIS

Em meio à revisão da literatura realizada, conclui-se que o aumento da força muscular diminui a intensidade relativa dos esforços e, dessa maneira, diminuem as sobrecargas para o coração e para os vasos sangüíneos, evitando uma série de complicações cardiovasculares. Muitos grupos têm estudado os efeitos do treinamento de força na reabilitação cardíaca e todos têm chegado a uma mesma conclusão: a eficiência e segurança dessas atividades.

REFERÊNCIAS

1. GODOY, M. I Consenso Nacional de Reabilitação Cardiovascular. *Arquivos Bras Cardiologia* 1997; 69(4): 267-290.

2. FLECK, S. L.; KRAEMER, W. J. *Fundamentos do treinamento de força muscular.* Porto Alegre; Editora ArtMed: 1999.

3. FARINATTI, P. T. V.; ASSIS, B. Estudo da freqüência cardíaca, pressão arterial e duplo-produto em exercícios contra-resistência e aeróbio contínuo. *Rev Bras Ativ Física Saúde* 2000; 5: 5-16.

4. WILMORE, J. H.; COSTILL, D. L. *Fisiologia do esporte e do exercício.* São Paulo: Manole, 2001.

5. MACDOUGALL, J. D.; TUXEN, D. ; SALE, D. G.; MOROZ, J. R.; SUTTON, J. R. Arterial blood pressure response to heavy resistance exercise. *J APPL Phys* 1985; 58: 785-90.

6. FLECK, S. J.; DEAN, L. S. Resistance-training experience and the pressor response during resistance exercise. *J APPL Phys* 1987; 63: 116-20.

7. ARAÚJO, C.G.S., *Manual do teste de esforço*. Rio de Janeiro: Ao Livro Técnico, 1984

8. MC ARDLE, K. *Fisiologia do exercício*. Rio de Janeiro; Rio de Janeiro: Guanabara,1998.

9. TANAKA, H.; SHINDO, M. The Benefits of low Intensity Training. *Ann Phys Anthropology* 1992;11:365-8.

10. SIMÃO, R. *Fundamentos fisiológicos para o treinamento de força e potência*. São Paulo: Phorte, 2003.

11. POLLOCK, M. L.; WILLMORE, J. H. *Exercício na saúde e na doença*. Rio de Janeiro: MEDSI, 1993.

12. SANTARÉM, J. M. *Aptidão Física, Saúde e Qualidade de vida*. www.saudetotal.com.br 1999.

13. PONTES, F. L. Exercício físico, estilo de vida e doença cardiovascular. *Revista Phorte,* 2001.

14. GUYTON, A.; HALL, J. *Tratado de fisiologia médica.* Rio de Janeiro: Guanabara, 1996.

Índice Geral

1 Treinamento de Força na saúde e qualidade de vida ... 7

Resposta do treinamento de força sobre variáveis cardiorrespiratórias 9

    Freqüência Cardíaca 9

    Pressão Arterial 11

    Duplo-Produto 13

    Potência Aeróbia 15

Resposta do Treinamento de Força sobre variáveis metabólicas 16

    Lipídios e Lipoproteínas de Sangue 16

    Intolerância à Glicose 17

    Consumo de Energia e Composição Corporal .. 19

    Gordura Corporal 19

    Massa Magra 20

    Densidade Mineral Óssea (DMO) 22

Efeito do Treinamento de Força sobre o perfil psicológico 23

Risco de Lesão 24

Capacidade Funcional 26

Considerações finais 27

Referências 29

Roberto Simão

2 Treinamento da Flexibilidade 39

Métodos de treinamento da flexibilidade 42

Freqüência semanal, intensidade e volume 45

Considerações finais 48

Referências 50

Luís Eduardo Viveiros de Castro; Roberto Simão

3 Comparação entre Séries Simples e Múltiplas para Ganhos da Força e Hipertrofia Muscular 57

Treinamento de força na saúde e qualidade de vida . 59

Comparação de séries simples e séries múltiplas ... 61

Duração do treinamento 64

Organização do treinamento 68

Considerações finais 70

Referências 71
Adriana Lemos; Márcia Castellar Rezende; Amanda Thamy; Sérgio P. Souza; Marta Moesch; Roberto Simão

4 Adaptações Neurais e Hipertróficas 75

Sistema Neural 77

Treinamento e hipertrofia 80

Tempo de adaptação 81

Seleção de exercícios, tempo de tensão e velocidade de execução 82

Duração e freqüência do treinamento 84

Considerações finais 85

Referências 86
Roberto Simão; Luís Eduardo viveiros de Castro; Adriana Lemos

5 Treinamento de Força em Crianças e Adolescentes .. 91

Aspectos cardiovasculares 95

Ganho de força e hipertrofia muscular 97

Considerações para a criança 98

Considerações para a adolescência 99

Lesões 100

Lesões agudas 102

Distensão muscular 103

Fraturas nas placas epifisárias 103

Fraturas ósseas 103

Problemas lombares 104

Lesões crônicas 104

Prescrição do treinamento 105

Desenvolver flexibilidade das articulações 105

Desenvolver força dos tendões antes da força muscular 106

Desenvolver força central antes da força dos membros 106

Considerações finais 110

Referências 112
Gedeon Rosa; Marco Aurélio F. Pereira; Roberto Simão; Rogério I. Perdigão; Uriá Paixão A. Silva

6 Treinamento de Força em Mulheres 115

Treinamento de força feminina 116

Treinamento de força e densidade mineral óssea . 119

Estímulo da incorporação mineral óssea 120

Influências hormonais 122

Prevenindo a osteoporose feminina com o trabalho de força 124

A autonomia física nas atividades diárias como boa influência no envelhecimento feminino 127

Considerações finais 128

Referências 126
Elizabeth Wallau de Jesus; Silvana E. G. Caovilla; Roberto Simão

7 Benefícios do Treinamento de Força nas atividades da vida diária dos idosos 133

Alterações do sistema musculoesquelético 135

Redução da flexibilidade 140

Redução da estabilidade postural 142

Riscos de queda 144

Benefícios do Treinamento de Força nas AVDS 142

Considerações finais 154

Referências 155
Eliel Pinheiro; Fábio Rocha; Nicanor Nonato; Pedro Norberto; Ricardo Mendes; Roberto Simão

8 Treinamento de Força e Reabilitação Cardíaca 157

Benefícios do treinamento de força 158

Princípios para o treinamento de força 160

Flexibilidade e o seu papel 161

Considerações fisiológicas 161

Segurança no treinamento de força 163

Critério de participação e instrução preliminar 165

Prescrição de exercícios para o treinamento de força .. 166

Prescrição para pacientes sem doenças
cardiovasculares 168

Prescrição para pacientes com doenças
cardiovasculares 169

Considerações finais 171

Referências 173
Roberto Simão

9 Benefícios do Treinamento de Força nas
Adaptações Cardiovasculares 177

Freqüência cardíaca e treinamento de força 179

Pressão arterial 180

Volume sistólico e débito cardíaco 181

Duplo-produto 181

Adaptações cardiovasculares ao treinamento de força 184

Considerações finais 190

Referências 191
Alex Souto Maior Alves; Marcus Vinicius dos Santos; Fernando Rozembhaum; Renato Saes Garcia; Talita Samarino; Roberto Simão

SOBRE O LIVRO
Formato: 14 x 21cm
Mancha: 10 x 13 cm
Tipologia: Friz Quadrata
Papel: Offset 75g
nº páginas: 208
2ª edição: 2009

EQUIPE DE REALIZAÇÃO
Edição de Texto
Talita Gnidarchichi (Assistente Editorial)

Editoração Eletrônica
Márcio Maia (Capa, Projeto Gráfico, Diagramação)

Impressão
Prol Editora Gráfica